Word zelf een Merk!

'Online Branding en daarmee online verdienen'

Een praktisch overzicht voor ondernemers van kleine bedrijven hoe zij binnen snel een Merk en vervolgens een Online Entrepreneur kunnen worden, met meervoudige bronnen van inkomen.

Benno Pieters

Voorwoord

De digitale wereld die zo in beweging is begint een duidelijke koers uit te stippelen voor online Branding en online Entrepreneurs. Dikke businessplannen kunnen de kast in en maken plaats voor dunne 'business papers' waarin een bestaand online verdienmodel wordt uiteengezet. Een online verdienmodel hoeft niet veel geld per dag op te leveren maar door te stapelen kun je met weinig mensen een grote impact teweeg brengen.

In dit boek gaan Benno Pieters en Antoinette Pernot uitvoerig in op de kansen en mogelijkheden voor ondernemende mensen. Benno's ideaal is dat ieder huishouden een eigen (online) onderneming ontwikkeld dat de buffer kan zijn in slechte tijden. Verlies je jouw baan dan is er niet direct een man overboord; je hebt jouw online onderneming en je kunt meteen door.

Want eenmaal opgezet dan blijft het lopen. Het heeft slechts een onderhoud nodig. Daarvoor is het belangrijk om jouw Merk te bouwen en in stand te houden. Hoe dat kan wordt in dit boek beschreven!

De praktische uitvoering ervan, komt voor jouw rekening. We wensen je daarbij veel succes en plezier!

Ondanks alle aan de samenstelling van de tekst bestede zorg, kunnen de auteurs geen aansprakelijkheid aanvaarden van eventuele schade, die zou kunnen voortvloeien uit enige fout die in deze uitgave zou kunnen voorkomen. In dit boek komen namen en beeldmerken voor van gedeponeerde handelsmerken. Deze namen zijn in de tekst niet voorzien van een handelsmerksymbool, omdat ze slechts fungeren als aanduiding van de besproken producten. Hierbij wordt op geen enkele wijze getracht inbreuk te maken op de rechten van de handelsmerkhouder.

Negende druk, oktober 2017.

Aanleiding

"Een goed idee is er één dat nù uitgevoerd kan worden"
Leen Zevenbergen, entrepreneur & schrijver

In het najaar van 2009 realiseerden we ons dat Twitter echt iets te bieden had op het gebied van leadgeneratie en verkoop. Tot dan hadden we zoiets (als zo velen) van "wat heb je er eigenlijk aan". Het leek eerder een mini-hype, dan iets waar je echt wat aan had. Aan de andere kant voldeed het gevoelsmatig aan een belangrijke eis van 'One to One marketing': continu in contact met je doelgroep staan.

Er waren zelfs geruchten dat je er geld mee kon verdienen als ondernemer, alhoewel de experts op dat gebied, meestal 'high tech guru's' en helemaal verliefd op het fenomeen, niet precies aan konden geven hoe. Tot dat ondernemer Guido Thys, op dat moment 'Recession Guru', vertelde dat hij zijn klanten werft via Twitter en zelfs gestopt was met zijn nieuwsbrief want dat leverde geen leads op en kostte wel veel tijd.

Een ander voorbeeld is MeerBusiness Amsterdam van Ursula en Dimitri van Zantvliet Rozemeijer, die consequent een Merk hebben weten op te bouwen door inzet van Twitter en andere Social Media en tegelijkertijd hun bedrijf wisten op te starten. Tot dan toe leed het MeerBusiness Franchise concept in andere regio's een wat onbekend bestaan. Vervolgens hebben zij Amsterdam Business gelanceerd en dat is hard op weg een Merk te worden en staat synoniem met zaken doen in Amsterdam.

Dit boek gaat niet zozeer over Twitteren maar wel over hoe je deze vorm van Social Media kunt inzetten als onderdeel om van jezelf een Merk te bouwen en als Autoriteit over te komen.

Het grote voordeel dat je daarmee bereikt is dat in plaats van veel inzet te plegen om aan nieuwe klanten te komen, de nieuwe klanten vanzelf naar je toe komen. Verschillende Social Media komen aan bod en dan wel in combinatie met traditionele methoden om business te genereren. Want wil je versneld een Autoriteit op je eigen gebied worden dan is de combinatie van traditionele marketing en verkoop samen met de Social Media een fantastische nieuwe mogelijkheid om dat te bereiken.

Dit boek is gericht op kleine ondernemingen waarin de ondernemer zelf nauw betrokken is bij de verkoop en het boek legt uit hoe hij of zij met beperkte tijd en middelen een Merk kan opbouwen op weg naar het worden van een Autoriteit. In zéér korte tijd weten we inmiddels; het kan tussen de 3 en 6 maanden. Normaal duurt zoiets jaren maar met de moderne middelen zoals de Social Media is een drastische verkorting mogelijk. Er is een klein beetje discipline voor nodig door iedere dag ongeveer 30 minuten aan je merk te bouwen. Hoe dat precies in zijn werk gaat zullen we verderop vertellen maar het is nodig je te realiseren dat een beetje tijd en energie per dag de stille kracht is van het hele concept.

Wij wensen je toe dat nieuwe klanten zich op basis van jouw reputatie en autoriteit, zichzelf melden om met jou zaken te doen!

Negende druk, Najaar 2017

Benno Pieters

Inhoud

Inleiding

"Laat de klanten naar je toe komen in plaats van andersom!" – Benno Pieters

DGA's van kleine ondernemingen en ZZP'ers die zelf de verkoop uitvoeren komen altijd tijd te kort. Er is zoveel meer te doen in een onderneming! En dat gaat heel vaak ten koste van tijd reserveren voor de acquisitie. In plaats van continu daaraan te werken en een constante orderstroom te bewerkstelligen, gaat het in horten en stoten. Eenmaal een aantal klanten geworven dan wil je daar je best voor doen en komt het verkoopproces in het gedrang. Verkopen neemt tijd in beslag waarbij de uitkomst onzeker is. Je weet wel dat als je het niet doet er ook geen orders of bestellingen komen, maar het is geen garantie. In de zoektocht om daar meer regelmaat, voorspelbaarheid en gemak in aan te brengen is bekend dat als je eenmaal een autoriteit bent op je vakgebied, dat de mensen vanzelf naar je toe komen. Je hoeft dus veel minder tijd en aandacht aan het leadgeneratie proces te besteden als je eenmaal een merk en autoriteit bent (en daarmee een besparing op kosten). Als je een goede reputatie opbouwt door goed te leveren, dan bouw je aan je merk en komen de klanten weer terug. Als je geluk hebt dan vertellen ze het anderen en krijg je meer klanten door mond tot mond reclame, het beste dat er is!

Door de nieuwe technieken die nu voor iedereen ter beschikking staan, is het mogelijk om met beperkte tijd het hele proces drastisch in te korten. Binnen drie tot zes maanden kun je een merk zijn en na zes maanden tot één jaar een autoriteit. Normaal duurt dat jaren, heel veel kun je zelf doen en dat is het fascinerende er van!

We hebben gemerkt dat vooral vrouwelijke ondernemers meer moeten jongleren met de tijd om alles voor elkaar te krijgen dan mannelijke. Meestal doordat zorgtaken toch voor het grotendeel bij hen ligt. Ook omdat vrouwen meer tijd besteden aan het zich verdiepen in de klant door er langer mee te praten. Wij zouden het natuurlijk prettig vinden als juist voor deze groep een stuk tijdwinst gevonden wordt door ons boek!

Maar wat is een Merk? Het is vooral een beleving. Van een goed merk wordt gezegd dat het kwaliteit bezit, goede waar is voor je geld, er wordt geen twijfel getrokken aan de betrouwbaarheid. Een Merk is ook ijzersterk, eenmaal bekend, dan kun je na jaren nog steeds op het imago verder, ook al is het al die tijd inactief geweest. Vele oude automerken zijn zo weer tot leven geroepen met als mooi voorbeeld Spyker Cars. Neem nou een merk als Fokker, het bedrijf bestaat niet meer maar het merk wel. En er zijn telkens pogingen om het weer tot leven te brengen. Of dat lukt is de vraag, maar één ding is zeker, het Merk hoeft niet meer gebouwd te worden, iedereen zal meteen aannemen dat het weer een hoog kwalitatief vliegtuig zal voortbrengen.

Mensen kunnen ook een merk zijn. Bekende acteurs, journalisten, politici, zij zijn allemaal een merk. Het gaat erom hoe ze beleefd worden door het grote publiek. Bedrijven zijn vaak een merk en wat je de laatste tijd ziet is dat er met zorg mee wordt omgegaan. Het merkbewustzijn is de laatste jaren enorm toegenomen en is niet langer het exclusieve domein van consumentenmarketing. Gedurende 2009 en 2010, waarschijnlijk ingegeven door de economische crisis waarbij op zoek gegaan wordt om effectiever nieuwe klanten te zoeken, is een nieuwe manier van digitale communicatie gebleken zich goed te lenen voor het bouwen van een merk.

Dit boek heeft mede tot stand kunnen komen door Laura Dufour, Marian Coenen, Bernadette van Rijckeghem en Dimitri van Zantvliet Rozemeijer die geholpen hebben met het lezen en het leveren van aanvullende ideeën.

Autoriteit

"Streef niet naar de hoge functie maar de vaardigheden om ze uit te oefenen." Chinese wijsheid.

Als je een autoriteit bent op je vakgebied dan luisteren mensen vanzelf naar je. Als zij ergens mee zitten dan komen ze jou om raad vragen. Als je een oplossing hebt dan willen ze vanzelf zaken met je doen. Maar je wordt het niet zomaar.

Het begint met voldoende ervaring hebben in een vakgebied en vaak gaat het daarnaast ook nog om een specialisatie. Je mag expert genoemd worden. Een expert word je vanzelf als je jezelf minstens 10.000 uur bezig hebt gehouden met de materie. In de praktijk betekent dat een jaar of tien. Als er vervolgens deelgebieden zijn waarin je jezelf hebt verdiept dan wordt je autoriteit bevestigd en sterker. Kennis en ervaring zijn zodoende belangrijke bouwstenen op weg naar het autoriteit zijn. Voor nieuwe ontwikkelingen in de markt, al dan niet technisch van aard, is ca. 1.000 – 2.000 uur kennis nodig, afhankelijk van de complexiteit.

Voorbeeld

In het begin waren wij ook nog geen deskundigen op Social Media gebied. We zijn in 2009 serieus gaan onderzoeken of Social Media een rol kan spelen bij het werven van klanten. Onze hypothese was dat wanneer je op de juiste manier – lees inhoudelijk en emotioneel – communiceert met een grote groep mensen dat je dan vanzelf bekend wordt en dan zou het leuk zijn als het Merk worden zou kunnen versnellen. Normaal duurt dit proces 3 jaar! Toto onzer verbazing ging het heel snel; het duurt 3-4 maanden om online een Merk te worden. Na gezamenlijk 2000 uur hier aan besteed te hebben besloten we om een boek te schrijven waaruit je nu leest. Het boek is in de zomer van 2010 uitgekomen en ondertussen intensief verder gewerkt aan ons eigen imago via de Social Media.

Wanneer je minstens 1.000 uur besteed hebt aan de technische en de business mogelijkheden van een dergelijk nieuw fenomeen en tegelijkertijd kunt aangeven hoe je er aan kunt verdienen, dan ben je een autoriteit op dit gebied. Nog geen hele grote, maar je weet meer dan een ander en kunt ze met kennis helpen. Er is een heel groot component van "in het land der blinden is de eenoog koning" en hierin schuilt het gevaar voor blijvende autoriteitschap, een ander kan je zomaar inhalen.

In de basis is het nodig dat je een mening hebt over je product en dienst en wat het betekent voor mensen in het bijzonder en de maatschappij in het algemeen. Dat kan knap lastig zijn want hoe weet je dat je gelijk hebt? Zijn er geen anderen die veel deskundiger zijn? Gelukkig valt het wel mee. Je hoeft niet altijd gelijk te hebben om een autoriteit te zijn. Als je maar wel een mening hebt en daar over kunt communiceren. Dan kun je altijd nog ruimte laten in je mening voor andere inzichten, maar op dat moment kies je voor een bepaalde stelling of bepaald inzicht. Meestal heeft het te maken met de wijze waarop je de dingen doet zoals je ze doet en dat maakt het eenvoudiger om een mening te geven en in stand te houden.

Als je eenmaal als autoriteit gezien wordt dan komen de mensen naar je toe om je mening te vragen. Is er een probleem en je weet hoe dat opgelost kan worden dan gunnen ze jou die opdracht want je bent een autoriteit, daarom deskundig en jouw oplossing zal dan wel de beste zijn en tot resultaat leiden. Als je daarnaast gewerkt hebt aan je merk dan worden er weinig vragen gesteld over de door jouw gekozen oplossing; het wordt dan een feit dat er zo gehandeld wordt. 'No questions asked!'

Figuur 1: Donald Trump is een Autoriteit op het gebied van het runnen van grote ondernemingen. Inmiddels is hij President en via Twitter communiceert hij met de wereld en bouwt daarmee verder aan zijn 'Merk'.

Naast zaken zoals een mening hebben dient het beeld (uiterlijk) van de autoriteit congruent te zijn met de boodschap. Het juiste uiterlijk vertoon is belangrijk. Mensen werken in hun hoofd met stereotypen en daar moet op ingespeeld worden. Als je autoriteit hebt op kunst gebied dien je de kleding en houding aan te nemen die daarbij past. Ook je huisstijl dient erop afgestemd te zijn. Ben je een autoriteit op hitech gebied dan is een andere uitstraling nodig dan op kunstgebied. Ben je bankier dan heb je extra veel zorg te besteden aan het imago naast je krijtstrepenpak. Doe je dit niet, dan wordt je niet als echte autoriteit erkend maar meer als Wannabee. (Een uitstraling als Wannabee hoeft niet perse slecht te zijn, maar je bent dan geen autoriteit).

Als autoriteit op een bepaald gebied kun je ook betere tarieven vragen en zal je bedrijf kunnen kiezen uit de betere opdrachten. Er is dus een belangrijke reden om dit niveau te bereiken. Tot voor kort duurde het jaren om een autoriteit te worden; je was afhankelijk van mond tot mondreclame en sprekende referenties behoudens een enkeling die direct via de radio of TV een groot publiek kon aanspreken. Dat is het goede van de Social Media, het verkort drastisch de periode die nodig is om tot een merk te ontwikkelen en vervolgens een autoriteit te worden. Het gaat echter niet vanzelf; je moet wel de juiste dingen doen. Wat dat is, bespreken we in de komende hoofdstukken.

Een merk zijn is de beste weg naar autoriteitschap. Een merk worden is waar we nu dieper op induiken en met de inzet van de Social Media is het mogelijk om dit doel sneller te bereiken.

Figuur 2: Richard Branson is een merk, heeft een merk en is autoriteit op het gebied van ondernemen.

Nog een voorbeeld van een Autoriteit is Kees de Kort. Hij geeft lezingen en een column op BNR iedere dag. Hem wordt gevraagd naar zijn mening over de beursontwikkelingen in samenhang met de economische ontwikkelingen. Kees de Kort is macro-econoom, beschouwt zichzelf als realist en ziet de zaken vaak somber tot zeer somber in. Andere macro economen vinden zich ook realist en zien de zaken positief in voor de beurs. Uiteindelijk krijgen ze allemaal regelmatig gelijk. Voor het Autoriteit zijn van Kees maakt dat niet uit. Zijn analyses zijn scherp, door feiten onderbouwd, helder, uitgesproken en heel belangrijk, hij formuleert daarmee een duidelijke mening. Een genot om naar te luisteren en of hij nu goed zit of fout zit in zijn conclusies over hoe de beurs zich zou moeten ontwikkelen, hij zet je aan het denken. Het geeft dus niet of je het altijd bij het rechte eind hebt, je moet een eigen mening hebben. Probeer zelf ook eens op je eigen vakgebied de feiten die om je heen aanwezig zijn te benoemen en tot een eigen conclusie en mening te vormen. Je zult zien dat het meteen werkt.

Figuur 3: Kees de Kort is macro-econoom en een Merk, vooral door zijn uitgesproken mening op nieuwszender BNR.

Waar sta je voor?

"Als je op anderen moet wachten, ben je altijd te laat."

Voor veel mensen is dit een hele lastige vraag. Want de meeste mensen zoals wij hebben meerdere dingen waar zij in geloven en voor staan. Welke is de beste? En wat versterkt mijn bedrijf? Een manier om er achter te komen is door je Visie en Missie op te stellen.

In de literatuur vind je veel materiaal hoe een visie en bedrijfsmissie opgesteld dienen te worden. Er zijn ook veel bureaus die je daarbij kunnen helpen.

Maar wat is nou een goede missie en hoe verwoord je een visie? Er zijn meerdere definities over wat er in een visie en missie statement moet komen. Het valt op dat de meeste niet leiden tot een verplicht 'statement' van wat men doet op de korte termijn. Vaak is wat men opschrijft als missie moeilijk voor de geest te halen, laat staan dat het je spontaan inspireert.

Visie is een 'Passion Statement' van waar je wilt zijn over vele jaren, het geeft inspiratie en energie aan allen binnen het bedrijf om alle tegenslagen, die er zeker zullen zijn, te kunnen overkomen. Het geeft een lange termijn doelstelling aan de onderneming en na een tegenslag gaat men weer aan het werk om de doelstelling te halen. Bij ieder succes is men extra blij want het doel komt steeds meer in zicht. Een Visie Statement heeft een meerjarig karakter; tenminste 5 jaar, vaak 10 jaar. Het heeft ook een hoog "wij gaan naar de maan" gehalte. Het is ambitieus, en is daarmee tevens een statement van leiderschap. Het vergt leiders die in staat zijn mensen regelmatig deze visie voor te houden en dat weten te vertalen naar alle kleine bezigheden binnen de onderneming. Het is zo sterk dat het alle tegenslagen weet te overwinnen.

Figuur 4: Nelson Mandela staat synoniem voor de strijd tegen apartheid. Hij is een Merk geworden voor vasthoudendheid tijdens de strijd en verzoening na de strijd.

Voorbeelden

"Wij willen over 10 jaar de leidende Social Media Branding Company zijn in West Europa met in iedere hoofdstad een kantoor met meer dan 20 mensen"

"Wij willen binnen 10 jaar in ieder huishouden aanwezig zijn"

"Over 5 jaar moet iedere verkoper volgens het Nieuwe Verkopen werken"

"Over 5 jaar treed ik op voor volle zalen in het Ahoy"

"Binnen 10 jaar geven bijna alle mensen 5 euro per maand om jonge ondernemers te kweken in de derde wereld."

"Over 20 jaar staan we op Mars"

De missie is een "Action Statement" wat je op kort termijn gaat doen. De geldigheidsduur is gewoonlijk 1 tot 2 jaar en dient dan herzien te worden. De missie lijnt alle energie en middelen van het bedrijf op om de visie meer werkelijkheid te geven.

Voorbeelden

"Wij zorgen dagelijks voor een gastronomische belevenis door altijd verse ingrediënten te gebruiken en top service aan onze gasten te verlenen."

"Binnen 2 jaar wil ik minstens 100 klanten!"

"Binnen 2 jaar hebben wij kantoren in 5 hoofdsteden van Europa."

"Binnen 2 jaar willen we 5 zaken in 5 steden."

Eenvoud

Voor zowel de visie als de missie geldt dat alle medewerkers het zo op moeten kunnen zeggen. Het is dus relatief eenvoudig te onthouden en laat eenieder zich realiseren wat hen binnen het bedrijf te doen staat om de missie en daarmee de visie tot stand te brengen.

Probeer het eens. Begin met jezelf! Welke visie heb je voor over 10 jaar en welke missie kun je daar uit afleiden? Dit leidt op zijn beurt tot je 'Oneliners' en maakt het voor de mensen heel makkelijk om jou te onthouden.

One-liners zijn belangrijk om je merk op te bouwen. Grote bedrijven besteden veel geld aan het verzinnen van one-liners ter ondersteuning van het merk. Maar het is eigenlijk eenvoudig. Beschrijf wat je wilt bereiken met je klanten of je producten.

Voorbeelden

"Wij helpen je een Merk te worden, zo kun je een goede zichtbaarheid creëren van jouw bedrijf".

"Door autoriteit te worden op je vakgebied komen klanten automatisch naar je toe".

"Als je als ondernemer een autoriteit bent in je vakgebied dan gaat je bankrekening weergeven wat je waard bent".

"Met onze moeserende wijnen is het altijd feest".

"De eerste indruk kun je niet over doen".

Figuur 5: voorbeeld van een One-Liner van een "health food" restaurant.

Het werken aan je eigen visie en missie statement is een bezigheid die veel voldoening brengt. Ineens weet je waar je achteraan moet gaan en waaraan je geld moet besteden, mensen motiveren en mobiliseren. Een goede visie en missie doet andere mensen achter je scharen en alle tegenslagen overkomen!

Als je een langdurige visie hebt ontwikkeld dan hoef je in principe geen verdere veranderingen aan te brengen. Een kritische beschouwing om de vijf jaar kan echter geen kwaad om te evalueren of de visie nog mee kan gezien de veranderingen in de wereld.

Om een Merk te worden is het belangrijk om te weten voor jezelf waarvoor je staat en daarmee een eigen mening te hebben. Geen mening, geen Merk! Een grijze muis uitstraling door geen mening te hebben gaat je niet helpen.

Je wilt weten waar jij persoonlijk voor staat, waar jouw bedrijf voor staat en ook jouw producten; waar die voor staan. Dat kan en mag overlappen maar besef dat het zo is!

Het maakt je krachtiger.

Een Boek Schrijven

"Wie schrijft blijft"
Oud Hollands gezegde

De beste manier om als autoriteit te worden onthouden en dat goed uit te stralen is door een boek te schrijven. Om te beginnen dan. Want om een autoriteit te zijn is meer nodig, er moet ook een bewezen trackrecord zijn. Een zekere vorm van expertise op je vakgebied; dat is essentieel. Maar een heus boek schrijven is zeer goed voor je reputatie en aanzien en een zeer goed begin.

Alleen is het niet voor iedereen weggelegd om goed te kunnen schrijven, laat staan een heel boek. Denk dan aan een andere mogelijkheid zoals een fotoboek of een fotokalender. Die kun je jaarlijks uitgeven en zal ook hetzelfde effect bewerkstelligen.

Je kunt ook iemand inhuren om het schrijfwerk te doen. Dat kost dan wel geld maar is de moeite dubbel en dwars waard. Je zult wel enige vorm van "content" moeten leveren. Dat kan door interviews door de persoon die het verhaal schrijft of je kunt zelf in ruwe vorm iets aanleveren wat dan wordt verwerkt tot prettig lezende tekst. Heel praktisch is dan als je met enige regelmaat iets opschrijft wat je meemaakt. Mail dat naar jezelf en laat het in een map genaamd "boek notities" terecht komen. In de loop van de tijd zul je merken dat de helft zeer bruikbaar is voor je boek.

Op het web tref je allerlei tips aan hoe je een leesbare tekst kunt schrijven en het boek levendig kunt maken. Zoek er naar en doe er je voordeel mee. Wat altijd wel goed werkt is om de gebeurtenissen in de eerste persoon te schrijven. Dan lijkt het voor de lezer of ze het ook meemaken. En mooie momenten, zeker de emotionele, geven de lezer een goed gevoel. De theoretische stukken mogen in de derde persoon en dan krijg je een mooi ritme in je boek.

Als je het boek geschreven hebt, dan wil je het natuurlijk publiceren. Er kunnen tegenwoordig verschillende wegen bewandeld worden om dit te realiseren.

Allereerst kun je kiezen voor een eBook in bijvoorbeeld PDF formaat, het inmiddels wereldwijde formaat om documenten te verspreiden zonder dat je ze kunt wijzigen. (Behalve als je de software gereedschappen hebt om dat toch te kunnen; voor de nerds onder ons dus). Je verspreidt het vervolgens via de mail, via de website, via Linkedin of een andere social community. Meestal wordt het in deze vorm gratis ter beschikking gesteld en dient om de eigen deskundigheid te tonen. Je kunt er ook geld voor vragen maar de kans bestaat dat ze via onderlinge contacten gratis worden gemaild van persoon tot persoon. Zodoende loop je dat mis.

Je kunt naar een echte uitgever gaan en het manuscript voorleggen. Meestal zullen ze niet meteen enthousiast zijn; je zult er een aantal moeten bezoeken en vaak geven ze aanwijzingen wat je moet veranderen. Het grote voordeel is natuurlijk dat als ze je wel opnemen in hun assortiment zij zorg dragen voor de productie en verkoop via de boekhandel. En het is natuurlijk stoer als je jezelf kunt associëren met een uitgever van naam. Voor debutanten mikken zij op ca. 3.000 verkochte exemplaren; dan zijn ze uit de kosten. Daarna gaan zij winst maken. Zelf verdien je niet zoveel aan een boek, meestal in de orde van grootte van 1 euro per verkocht exemplaar. Verkeer dus niet in de illusie dat je veel kunt verdienen via een uitgeverij.

Als je flexibel wilt zijn en wilt verdienen aan een boek dan kun je het beste kiezen om het via een Online uitgeverij te publiceren. Lulu.com is zo'n uitgeverij en daar kun je in relatief eenvoudige stappen een boek publiceren. Je upload je manuscript, je kiest in welk formaat je het wilt hebben. Vervolgens of het een hard cover of paperback of een andere vorm moet krijgen, je upload de omslag (Je kunt ook een sjabloon uitkiezen) en ze berekenen de kostprijs per boek.

Je bepaalt zelf je prijs. Voorbeeld: een paperback van 50 bladzijden kost per stuk tussen de €5 en €7 euro. Je kunt dan zelf stellen dat de verkoopprijs € 15 euro of € 20 moet zijn en dan is het verschil voor jou. Als je dan 3.000 exemplaren weet te verkopen, bijvoorbeeld via Social Media, dan word je ook nog eens blij van de opbrengsten.

Mensen kunnen jouw boek online bestellen bij jouw online uitgeverij. Je kunt ook een ISBN nummer aanvragen en dan kan jouw boek ook via andere online stores verkocht worden (via hun affiliate programma).

Figuur 6: Bij Lulu.com kun je gratis publiceren.

Tegenwoordig bestaat ook de mogelijkheid om E-Books in combinatie met echte boeken uit te geven. Dan sta je voor de keuze om wel of niet geld te vragen voor je pdf versie. Het is een nieuw verschijnsel. Er zijn aanwijzingen dat je tot 30% meer echte boeken verkoopt door een gratis pdf versie op de markt te brengen. Die worden dan gedownload op één van de nieuwe apparaten die sinds ruim een jaar beschikbaar zijn. De uitgeverijen zullen je erin begeleiden.

Een fraaie Nederlandse uitgeverij is www.pumbo..nl en lijkt qua mogelijkheden op die van Lulu.com. Probeer ze beide uit en kijk wat je voorkeur verdient. Welke je ook kiest, er zullen altijd voors en tegens zijn voor een bepaalde uitgeverij en het komt er uiteindelijk op neer dat je het gewoon moet uitproberen.

Figuur 7: Pumbo.nl is een voorbeeld van een Nederlandse On-line uitgeverij.

Websites

"Bij Automatisering gaat alles automatisch, maar niets vanzelf."

Websites zijn een wereldwijd uithangbord voor je waren. Het kunnen winkels zijn waar direct gekocht wordt, maar het wordt het meest toegepast als etalage van wat iemand of een bedrijf te bieden heeft. Een essentieel onderdeel voor het bouwen van een merk. Gelukkig is het een heel goedkope manier om jezelf en je bedrijf te profileren.

Allereerst moet je een url claimen; dat is je website naam en wordt ook wel domein of site naam genoemd. Bijvoorbeeld bij www.hostnet.nl kun je checken of het nog vrij is en meteen claimen als het vrij is. Vervolgens kun je een website maken. Maken? Ja dat kun je zelf doen als je een eenvoudige website wilt. Hostnet kan daar in helpen of je kiest een andere goed betaalbare leverancier. Bijvoorbeeld www.wordpress.com; zij hebben simpele websites die er zeer professioneel uitzien voor een lage prijs. De grootste van de wereld is www.godaddy.com. Hier kun je ook voor een zeer bescheiden bedrag een website bestellen. Je moet natuurlijk wel zelf voor de content zorgen maar dan ben je ook snel in de lucht en kun je beginnen aan je merk te bouwen.

Heb je iets specifieks in gedachten dan zijn er vele webbouwers die een offerte op maat kunnen maken. Vraag wel altijd naar referentie websites zodat je een idee hebt van hun stijl en dan kun je beoordelen of dat bij je past. Weet je niemand vraag het dan in je kennissenkring waar zij hun website hebben laten maken. Of zet de vraag uit op Linkedin en gegarandeerd vind je een goede websitebouwer.

Zorg er in ieder geval voor dat je via jouw website kunt bloggen en er foto's op zetten (of laten zetten). Dit is een vast stuk gereedschap van bouwen aan je eigen merk en autoriteit.

Handig voor hogerop komen in search engines is, als je meerdere websites voor verschillende onderwerpen in de lucht houdt en die met elkaar doorlinkt. Vervolgens moet je zorgen dat mensen gemakkelijk doorlinken, want de search engines meten dat en dat levert een bijdrage aan hoe hoog je komt in een search.

Een mooie flash animatie met veel bewegende delen is fraai om te zien maar niet belangrijk voor het opbouwen van je merk. Sterker nog; het is lastig voor de search engines om te lezen en dat is het laatste wat je wilt. Ga er dus behoedzaam mee om.

Figuur 8: Voorbeeld van een eenvoudige doch effectieve website.

Heel belangrijk zijn de keywords. Die zitten in de header van de website en zijn onzichtbaar voor de bezoeker. De search engines zien ze wel dus zoek een paar populaire kreten die bij je business passen om ervoor te zorgen dat je gevonden wordt. De woorden van je keywords dienen ook op de desbetreffende pagina voor te komen. Er zijn nog meer 'tricks' om hoger in de search engines te komen maar je moet oppassen dat je het eigenlijke doel niet voorbijschiet. Je wilt tenslotte een merk bouwen en autoriteit worden en dat betekent dat je tot op zekere hoogte moet optimaliseren op search engines, maar het is niet essentieel, tenzij je een webshop hebt. Inmiddels is het een aparte industrie geworden: 'Search Engine Optimalisation' (SEO). Je hoeft de kreet SEO maar in te tikken en je vindt vele deskundigen op dit gebied. Je vindt allerlei tips over hoe je SEO voor elkaar kunt krijgen en welke Search Engines welke zoekmethoden erop na houden. Dat zijn dan ongeveer beschrijvingen want de Search Engines houden het geheim.

In Nederland hoef je niet voor elke Search Engine te optimaliseren. Google is met ongeveer 95% marktaandeel veruit de grootste Search Engine. De anderen doen er voorlopig niet toe dus concentreer je op
Google als het om SEO gaat. Een leuk voorbeeld van hoe het kan werken is als je de kreet "Google Adviseur" intikt. Dan zie je gelijk GJ Bramer die je kunt inschakelen om je te helpen met je SEO vraagstuk.

Een website hoeft dus niet duur te zijn. De meeste waarde (tijd) gaat zitten in de content. Je kunt dus met bijvoorbeeld 5 pagina's beginnen en met de tijd uitbreiden. Als je enige technische (IT) affiniteit hebt is het wel zo handig, maar mocht dat niet zo zijn, er zijn vele freelancers die het graag voor je willen bouwen en onderhouden. Even rond shoppen dus.

Figuur 9: Voorbeeld van een eenvoudige effectieve website die in stappen is opgebouwd.

Als je een goede standaard website hebt en deze meer verkoop effectief wilt maken, ga dan als volgt te werk. Neem één tot maximaal vijf producten of diensten en maak daar een simpele enkelvoudige website voor per product. Die dient dan als 'landing page'. Het hoeven maar een paar pagina's te zijn maar belangrijk is dat men direct op de beschrijving terecht komt, eventueel de prijs en direct zonder verdere moeilijkheden kan bestellen. Het bestelproces moet ook niet ingewikkeld zijn, dat kan via een email die door een link wordt opgestart of, als je het luxer wilt maken, laten doorschakelen naar iets als een Ideal of Paypal betaaldienst.

Dat kan allemaal op een later tijdstip als een SaaS component. SaaS betekent "Software as a Service" en dat is Software afnemen als je het nodig hebt via het web. De software staat dan niet meer op je eigen machine maar ergens op een server. Je betaalt een bescheiden bedrag per maand en meestal per gebruiker. Heb je het niet langer nodig dan zeg je het op en je kosten dalen.

Zet ook een link op de site die doorlinkt naar je hoofdsite zodat mensen gelijk kunnen doorklikken. Een bijkomend voordeel is dat zoekmachines de traffic registreren die via de link loopt en mede daardoor beslissen dat het om een actieve site gaat met veel verkeer. Ook het regelmatig verversen van de content heeft een vergelijkbaar effect. En natuurlijk de keywords die in de header van de website staan (en die je niet kunt zien) moeten goed ingevuld worden.

Zo creëer je web-ringen van eigen websites. Door de links naar elkaar actief te houden komt het alle websites ten goede. Er zijn talloze informatiewebsites die vertellen hoe je dat kunt doen, als even zo veel goede boeken die je kunt kopen over dit onderwerp.

Blog

"Begin met een blog en bundel je posts inclusief waardevolle commentaren. "
Dimtri van Zantvliet Rozemeijer, ondernemer.

Een stukje voor een blog schrijven kost ongeveer 15 tot 20 minuten. Het hoeft geen hoogstaand proza zijn. Om je merk te bouwen moet het onderwerp gaan over wat je meemaakt in het uitoefenen van je zaken en je moet er een mening over hebben. Goed of fout dat geeft niet, als je maar een mening hebt. Het mooie van bloggen is dat als je het fout hebt dat het je siert als je op je mening terugkomt door nieuw inzicht wat zich in de loop van de tijd heeft ontwikkeld.

Dan kun je refereren aan je voortschrijdend inzicht en dat komt meestal goed over. Alleen dat mag maar een paar keer per jaar en dan goed onderbouwd, want anders word je als een "draaikont" gezien.

Bijvoorbeeld kun je het hebben over een nieuwe trend die aan het ontstaan is op je vakgebied of hoe een ander het oppakt en wat je daarvan vindt. Het kan ook een stuk overheidsbeleid zijn waar je blij mee bent of juist niet. Het kan overal over gaan als je het maar zakelijk houdt en het dicht bij het opbouwen van het merk staat.

Wij houden van een frequentie van eenmaal per twee weken, soms een keer per maand. Dan ervaren mensen het niet als overbodige informatie en wordt het altijd gelezen. Zit je dichter op de actualiteit dan werkt één keer per week goed. Als je het één keer per dag doet dan schiet je jouw doel voorbij; mensen lezen het dan niet meer, dus verdeel het over de andere Social Media. Dan bouw je gelijk aan een goed Social Media Patroon.

Blogs kun je linken aan de meeste Social Media. Zodra je dan geblogged hebt dan komt het ook daar terecht. Mocht dat niet lukken dan kun je altijd een tweet uitbrengen via Twitter dat er weer een blog entry is gemaakt. Blogs doen het ook erg goed bij de Search Engines.

Een blog kun je ook wel vergelijken met een column in een tijdschrift of een krant. Men ziet ernaar uit om een volgend stukje van je te lezen.

Mensen zijn geïnteresseerd in je mening. Wees dus niet bescheiden over het feit dat je blogt, laat het zoveel mogelijk mensen weten.

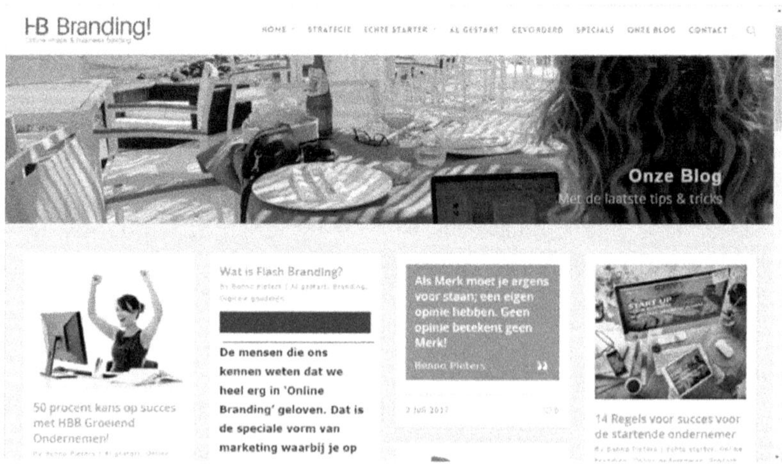

Figuur 10: Voorbeeld van een Blog.

Door te bloggen geef je informatie aan je doelgroep. Als die informatie nuttig is (je doelgroep kan er zijn/haar voordeel meedoen) en je weet er een prettige sfeer in op te wekken, dan ontstaat er een gun-factor. Mensen willen je in levende lijve ontmoeten en gaan nadenken over hoe ze jouw producten of diensten kunnen inzetten. Je krijgt zelfs doorverwijzingen naar potentiële klanten op den duur. Bloggen is daarom belangrijk.

Met bloggen werk je ook aan de bouwstenen van je boek. Stel dat je één keer per week blogt, dan creëer je al 52 bouwstenen voor je boek en daarmee je autoriteit. Niet alles is direct inzetbaar, maar laat het de helft zijn! De commentaren op je blogs kun je er ook in verwerken. Zonder extra inspanning creëer je daarmee de volgende stap naar autoriteit.

Als je zonder inspiratie zit met bloggen zijn er drie onderwerpen waar je het altijd over kunt hebben. De eerste is wat een collega heeft gemaakt, gedaan of heeft meegemaakt. Geef altijd een goede indruk van je collega, schrijf in positieve zin, en geef een mening over wat zij (of hij) heeft meegemaakt.

Paul Vernooijs *Financial Planning*

Ouders helpen kinderen bij aankoop woning

Geplaatst op juni 18, 2011 door paulvernooijs

Vaak kunnen kinderen niet zoveel lenen dat ze het appartement of huis kunnen kopen dat ze willen hebben. Gewoon omdat de huizenprijzen de laatste tijd zo zijn gestegen dat het voor starters niet meer te betalen is, volgens de bancaire normen dan. Vergeleken met wat jongeren per maand aan huur uitgeven, is de last eigenlijk geen probleem.

De zorgvuldigheid die de Wet Financieel Toezicht gebiedt, staat financiering echter niet toe.

Als ouder kun je dan borg gaan staan of je eigen woning meeverbinden in de hypotheek van je zoon of dochter. Ook bestaat de optie om belastingvrij te schenken.

Een leukere oplossing is om zelf geld te lenen aan het kind voor aankoop van het huis en rente te bedingen. Deze rente is voor het kind fiscaal aftrekbaar in Box 1 (Eigen

Recente berichten
- Ouders helpen kinderen bij aankoop woning
- Overlijden voor notariële levering huis
- Beloning voor hypotheekadvies
- Overlijdenspolis kan goedkoper
- Armoede dreigt na overlijden partner

Archieven
- juni 2011
- mei 2011
- april 2011
- maart 2011
- februari 2011
- januari 2011

Categorieën
- Belasting
- Beleggen
- Economie

Figuur 11: Ook saaie onderwerpen kunnen levendig gemaakt worden middels een Blog.

Een tweede onderwerp wat altijd goed werkt is hoe jezelf bezig bent met je acquisitie werk (zonder namen te noemen) en wat je daarin opvalt. Bijvoorbeeld dat het bedrijf een mooi pand heeft, een fraai entree, mooie brochures enzovoort. Altijd in positieve zin want waarschijnlijk leest je prospect het ook.

Het resultaat is dat je blog vol positiviteit staat en mensen vinden dat prettig om te lezen. Natuurlijk heb je ook negatieve ervaringen maar probeer ook zoiets positief te brengen. Het web staat vol negatieve verhalen en berichten (laat het aan geenstijl.nl over). Je wilt niet dat je merk met negativiteit wordt geassocieerd.

Een derde blog mogelijkheid, maar vraagt wel meer werk, is het lezen van wat de Angelsaksische vakbroeders te melden hebben. Op de een of andere manier komen nieuwigheden toch eerder daar tot stand dan hier op het continent. Het is leuk werk en ook leuk om er alvast over te schrijven. Het vestigt een goede indruk en je schept er een stuk visionairschap mee (ook al zijn het meningen van derden die je weergeeft).

Figuur 12: voorbeeld van een bedrijfsblog

Events

"Het leven is een feest, je moet alleen zelf de slingers ophangen ." René Weijerman.

Om goed onthouden te worden door jezelf te associëren met interessante mensen met goede ideeën, is het van belang eigen "Events" op te zetten. Dat kan groots, maar het kan ook klein. Belangrijk is dat je doelgroep weet dat het plaatsvindt en wat het inhoudt. Als ze dan niet in de gelegenheid zijn om te komen, weten ze in ieder geval dat het heeft plaatsgevonden. Een event kan variëren met een borrel in een kroeg tot een congres van een hele dag. Alleen het hoeft niet persé groots te zijn. De mensen willen vooral een mooie beleving en het event is er op gericht dat de mooie beleving geassocieerd wordt met jou.

Kleine events

Als je nog nooit een event hebt georganiseerd begin dan bescheiden. Zoek een leuke locatie en dat hoeft niet persé prijzig te zijn. Zo kun je met een kleiner gezelschap een eindemaandborrel organiseren met een bepaald onderwerp. Het meest belangrijke aspect is om in een ongedwongen sfeer over de business te spreken en de mensen beter te leren kennen. Als voorbeeld kun je een leuk café in het centrum van Amsterdam uitkiezen. (Wel eerst zelf uit proberen of de sfeer goed is). Als het je dan lukt om een muzikant te regelen voor een kwartier of een ander intermezzo is de sfeer snel ontspannen. Het gaat erom dat je een goede sfeer weet te creëren door een goede setting.

Wat ook goed werkt is een sloep (of een andere boot) huren voor 2 uur (al dan niet met schipper) en bij de lokale Albert Heijn (of een andere kruidenier) drank en andere proviand in te slaan. Vaar daarmee door de grachten en je gezelschap vindt het vast geweldig. Overal waar water is valt wel een boot te huren en iedereen vindt dat prachtig. In Rotterdam heb je ook vele mogelijkheden, aan de Reeuwijkse of Vinkeveense plassen weer andere.

Mini Seminars

Wij houden van mini-seminars met een frequentie van eens per maand of 2 maanden. Je moet even oefenen om ze te organiseren, maar het komt er op neer de adressenlijst van je relaties goed bij te houden en frequent te kunnen mailen. Gelukkig hebben we daar Linkedin en Facebookgroepen voor, dus dat maakt het al een stuk eenvoudiger. Wij gebruiken het concept van "landing pages" om de aanmeldingen te verzamelen. Door dat de e-mailadressen netjes worden opgevangen kun je de mensen ook eenvoudig een bevestiging sturen. De kosten daarvoor zijn laag, en het neemt je veel werk uit handen.

Aurium Cercle au Contraire

Media

Op woensdag 22 juni 2011 houdt Aurium Commerce de volgende bijeenkomst van 'Cercle au Contraire'.
Deze netwerkbijeenkomsten worden maandelijks gehouden met steeds een ander thema. Het thema van de komende bijeenkomst is "Social Media en Arbeidsrecht".
"Cercle au Contraire" zal dit keer plaatsvinden op het kantoor van Aurium Commerce.
Gedurende deze bijeenkomst staat het thema "Social Media en Arbeidsrecht" centraal.

Mariska Aantjes van Aantjes Advocaten zal aan de hand van concrete voorbeelden uit de rechtszaal ons nader inzicht geven in deze materie.
Mariska zal als Arbeidsrecht advocaat in gaan op situaties die zich zoal voor kunnen doen, zoals:
- Wat kun je wel en niet verlangen van je werknemers?
- Van wie zijn relaties en connecties?

Aurium Commerce is gespecialiseerd in het gebruik van Social Media en zal tijdens deze presentatie een hand-out aanbieden met Tips en Resultaten die wellicht bruikbaar zijn voor uw organisatie!
Na deze presentatie zal er een heerlijke champagne proeverij plaatsvinden , ook deze keer wordt dit geheel verzorgd door Taste & Tintle.

Agenda:
15.00 uur Ontvangst
15.15 uur Welkom door Antoinette Pernot en Benno Pieters
15.45 uur Presentatie over Social Media etiquette Antoinette Pernot
16.15 uur Presentatie Mariska Aantjes over Arbeidsrecht en Social Media

16.45 uur Begin champagne proeverij van Taste & Tintle
17.00 uur Stellingen, discussies en delen van ervaringen
17.45 uur Vervolg proeverij van Taste & Tintle
18.30 uur Einde

Kosten voor deelname bedragen € 19,-

Het boek **"Word Zelf een Merk"** kan die dag gekocht worden met € 5,- korting voor € 14,95

Datum: 22 juni 2011
Locatie: Aurium Commerce, Amsterdam (www.auriumcommerce.com)

Figuur 13: Miniseminars zijn een effectieve methode om je reputatie te vestigen. Dit is een voorbeeld van een Landing Page om de inschrijvingen te vangen.

Het duurt even voordat je miniseminars aanslaan. Het hangt natuurlijk van het onderwerp af en wie je ervoor vraagt. Maar als je het eenmaal vier tot vijfmaal hebt georganiseerd dan begint het een mini-instituut te worden. Probeer de kosten laag te houden door een gratis of laag geprijsde lokatie te regelen. Veel lokaties (restaurants en bars) vinden het prima als je 's middags een sessie houdt als zij maar de horeca kunnen regelen. Wij zijn voorstander van een kleine bijdrage te vragen ter dekking van de horeca. Niemand heeft daar echt bezwaar tegen en het geeft waarde aan het seminar.

Beurzen

Deelname aan beurzen is een intensieve bezigheid en meer weggelegd voor grotere ondernemingen. Beurzen bezoeken is natuurlijk een goed idee en om er vervolgens ook over te bloggen!

Mocht je toch deelnemen aan een beurs dan is het een uitgelezen kans om aan je klanten en prospects te laten zien wat je allemaal kunt. Daarnaast loopt je doelgroep zomaar langs en kun je dus met veel nieuwe mensen in contact komen. Helaas komt het vooral bij kleine bedrijven voor dat je alles op het laatste moment moet doen en dat kost zoveel energie dat er per saldo relatief weinig uitkomt met als gevolg dat het een nogal dure exercitie is. Het geheim zoals altijd, ligt in de voorbereiding en de nazorg. Allereerst moet het doel van deelname aan de beurs zijn dat je leads wilt scoren en je klanten sneller laten beslissen om verder zaken met je te willen doen. Dus niet het deelnemen is het doel en ook niet deelnemen om te laten zien dat je er bent. "Leads scoren" moet het doel zijn.

Figuur 14: Het is ook effectief om relaties mee te nemen naar een beurs

Het gevaar van leads scoren op een beurs is dat de kaartjes in iemands zak verdwijnen met als reden dat ze later opgevolgd zullen worden. Die persoon (waarschijnlijk jijzelf) heeft het altijd te druk na de beurs want zijn werk is een paar dagen stil komen te liggen en vervolgens is het "business as usual", er wordt verder niets meer mee gedaan. Visitekaartjes die op de beurs zijn gescoord dienen centraal bewaard te worden totdat ze centraal ingevoerd en bewerkt zijn, vervolgens kunnen ze naar een individueel persoon ter opvolging. De lijst wordt na de beurs bewerkt met een bedankbrief en de mensen worden gevraagd via de Social Media om in de Linkedin groep mee te doen. Zij kunnen weer naar een volgend event of als zij meer interesse tonen, uitgenodigd worden voor een sales gesprek.

Tijdens de beurs MOET je iemand aanwijzen als standmanager. Hij of zij zorgt ervoor dat er altijd iemand op de stand is die diepgaande vragen kan beantwoorden; iedereen meldt zich aan en af bij de standmanager dus iedereen is altijd bereikbaar. De standmanager geeft zelf het voorbeeld voor lead generatie door iedereen aan te moedigen in het gangpad te gaan staan en niet op de stand te hangen. Gesprekken worden kort gehouden (niet langer dan 15 minuten) met als actie om na de beurs een afspraak te maken indien het gesprek op inhoudelijke wijze voortgezet moet worden.

Aan het einde van de beursdag worden de visitekaartjes met iedereen die actief is op de stand doorgenomen. Ze worden gelijk ingevoerd met de op de stand aanwezige laptop (of ander communicatiemiddel) en er wordt gelijk besloten wie het gaat opvolgen. Die centrale lijst wordt meteen opgebouwd en er wordt meteen een actie aan vastgebonden. De hier beschreven aanpak verzesvoudigt het aantal leads en prospects!

Figuur 15: De standmanager is een belangrijk persoon op de beurs.

Grote events zoals Galadiners

Meerbusiness Amsterdam is een goed voorbeeld van een organisatie die excelleert in grote events. Hun bijeenkomsten genereren meestal tussen de 200 en 600 bezoekers. Bovendien zijn zij creatief in het verzinnen om onder de aandacht te blijven. Zo organiseren zij de Amsterdam Business Award waarin een mooi bedrijf een serieuze prijs wint. Zij halen daarmee de pers, er wordt overal volop over gesproken; een prachtig voorbeeld hoe je een belangrijke steen kunt leggen bij het opbouwen van je merk.

Figuur 16: Zoiets als de Amsterdam Business Award in het leven roepen scoort veel media aandacht. Doe het niet alleen en zoek er de juiste partners bij. Co-creatie is het toverwoord!

Denk zelf eens na over kleine events, eventueel samen met collega ondernemers. Maar denk niet te lang na want anders verlies je momentum. Het zijn typisch van die onderwerpen die gezien worden als heel moeilijk tot uitvoer te brengen en iedereen moet er dan zijn of haar zegje over doen.

Netwerken

'It is not about who YOU know but who knows YOU' Dimitri van Zantvliet Rozemeijer, ondernemer.

Als ondernemer ben je natuurlijk goed in netwerken. Althans dat zou je moeten zijn. Een krachtig netwerk kan je veel orders opleveren en je maakt optimaal gebruik van mogelijke mond tot mond reclame. Maar welk netwerk moet je kiezen? Het is tenslotte je 'hunting' en 'farming' ground.

Meestal denken mensen meteen aan leads en prospects scoren tijdens de netwerkbijeenkomsten. Het beeld is dat je er snel en veel moet kunnen halen, anders is het geen goed netwerk. Echter zal het netwerk er een hekel aan hebben als je al te opzichtig aan het canvassen bent. Als je alleen maar komt halen wordt je al gauw met de nek aangekeken. Toon dus interesse in wat de anderen te zeggen of te melden hebben en beperk je eigen 'pitch' tot je 'Elevator Pitch' tenzij iemand er meer over wil weten (een elevator pitch is een kort en krachtig verhaal over je bedrijf en wat het voor de persoon die je spreekt kan betekenen). Het is ook geen race om zoveel mogelijk kaartjes te verzamelen. Wij stellen ons altijd als doel 2 tot 4 kaartjes te verwerven waarvan er vaak 2 een interessante lead blijken te zijn. Daarvoor kun je best 10 tot 15 mensen gesproken hebben maar dat is niet persé nodig. Kwaliteit boven kwantiteit geldt ook voor het netwerken.

Er wordt wel eens gezegd dat een netwerk uiteindelijk niets meer oplevert omdat je telkens dezelfde mensen ziet. Naast het feit dat het altijd positief werkt om in de organisatie zelf actief mee te doen om nieuwe leden te werven, zijn het vaak deze zelfde mensen die jou gaan aanbevelen bij hun relaties. Hierdoor is het feitelijke netwerk vele malen groter.

Een prestigieuze club, een beperkte kring, een mooie liefdadigheidsinstelling, een culturele kring. Daar kun je met jouw prospects naar toe gaan en ze een nieuwe ervaring bezorgen. Om zelf ingeburgerd te raken in een netwerk is het verstandig een actieve bijdrage in de organisatie te leveren. Dit kan door middel van bijvoorbeeld het regelen van een bijeenkomst.

Zorg ervoor dat je jezelf ook in je netwerk thuis voelt. Er is niets vervelender dan naar een netwerkavond te gaan en je er niet thuis te voelen. Door actieve participatie kun je daar snel wat aan doen. Vervolgens neem je jouw prospects mee naar bijeenkomsten waar ze zonder verplichting aan deel kunnen nemen. Zorg dat ze zich daar aangenaam voelen. Stel je relaties aan elkaar voor en wat ze wellicht voor elkaar kunnen betekenen. Dat zal je eigen kansen op succes aanzienlijk vergroten.

Voorbeelden

De clubs die wij bezoeken zijn de Industrieele Groote Club, Sociëteit de Witte en De Maatschappij (volledig: De Maatschappij voor Nijverheid en Handel). Daarnaast zijn MeerBusiness en Open Coffee heel nuttig voor het MKB. Dan heb je ook speciale netwerkclubs die rondom een thema zijn georganiseerd. Een voorbeeld is "First Life ICT borrel" in Amsterdam, "Datacenter Think Tank" van The Unit, "Cercle au Contraire" van Aurium Commerce met bijzondere business modellen; google gewoon eens rond om te kijken wat er in jouw buurt zich afspeelt. De Kamers van Koophandel zijn ook altijd heel actief met aantrekkelijke thema avonden. Iedere stad heeft wel een aantal netwerkclubs; gewoon even googlen en je komt er snel achter.

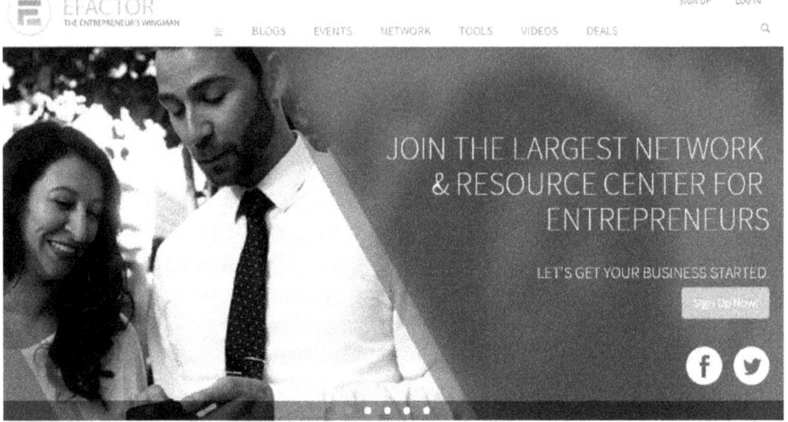

Figuur 17: Voorbeeld van een wereldwijde businessclub

We krijgen wel eens vragen over hoe je het meest handig contact kunt leggen als je naar zo'n bijeenkomst gaat. Veel mensen hebben problemen om zo maar op iemand af te stappen. Anderen raken gauw geïntimideerd door de meer ervaren netwerkers; die staan er zo relaxed bij. Of vraag je jezelf af of je in de groep past en een verhaal hebt dat aansluit bij deze groep. Om hier vanaf te komen kun je gewoon op een groepje afstappen en je erbij vervoegen. Steek je hand uit en introduceer jezelf. Ik heb altijd moeite met namen onthouden dus ik herhaal ze en kijk wat de kleur is van iemands ogen en of de pupillen klein of groot zijn. Mensen met grote pupillen luisteren beter dan die met kleine. Doordat je let op anderen hoef je minder op de eigen innerlijke spanning te letten en kom je relaxter over. Vraag aan anderen wat ze doen en dan krijg je snel een goed contact.

Als je visitekaartjes hebt gekregen dan is het zaak ze op te volgen. Daarbij kan Linkedin een handige rol spelen. Zoek de personen op en link ze aan je. Vervolgens kun je ze vragen om aan je Linkedin groepen deel te nemen. Zorg ervoor dat je profiel is bijgewerkt en dat het klopt bij het imago wat je wilt uitstralen als (toekomstige) autoriteit.

Naast netwerken bezoeken kun je ook je eigen netwerk creëren met bijvoorbeeld klanten en prospects. Vooral voor prospects werkt het effectief. Belangrijk is dat je jezelf niet opdringt aan de prospects om mee te doen aan het netwerk. Laat ze zien dat ze er welkom zijn ook al bestellen ze niks. Wij vragen meestal MKB sprekers met een bijzonder product of dienst om die toe te lichten op onze bijeenkomsten. De locatie is altijd aangenaam om te vertoeven. Vaak bieden we een proeverij aan met bijzondere dranken. Als je in een ritme komt van 1 keer per maand dan kost het geen moeite om het telkens te regelen. En naast dat het een leuke bezigheid is, krijg je veel erkenning van je omgeving . Wij zijn een groot voorstander om ook Social Media in te schakelen in je marktbewerking, maar er gaat toch niets boven ouderwetse fysieke netwerken!

Netwerken vindt meestal in de avond plaats en dat betekent dat je het thuisfront daarover moet informeren. Als je netwerken erg leuk vindt dan is het makkelijk om bijna iedere avond naar een bijeenkomst te gaan. Vervolgens heb je te weinig tijd om aan opvolging te doen. Beperk het dus tot 1 à 2 avonden per week, anders gaat de kwaliteit van het contact achteruit.

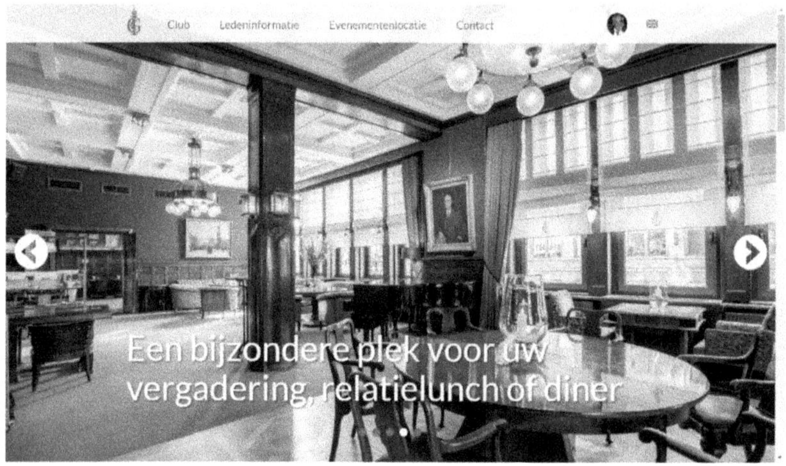

Figuur 18: Voorbeeld van een business club om te netwerken.

Als je eigen netwerken gaat opzetten doe er dan meteen twee: één voor je gelijken in de markt en één voor je klanten en prospects. Wat mensen nogal vaak doen is actief zijn in eigen netwerken die alleen goed zijn voor gelijkgestemden in de markt. Je kunt dan lekker discussiëren met elkaar en er een goed gevoel aan over houden. Hier is niets verkeerd mee alleen wil je ook dat je inspanningen wat omzet opleveren na enige tijd. Dan is het handig als je een netwerk opzet waaruit je potentiële business in voor komt. Het makkelijkst is om met je bestaande klanten te beginnen, een onderwerp oppakt wat allen bezighoudt en tijdens het event er ook iets onvergetelijks van maakt (wat niet duur hoeft te zijn).

De vorm en inhoud van je boodschap

"Consistentie is belangrijk als je een autoriteit bent" Benno Pieters, Business Catalyst, Schrijver.

Niet zomaar wat tweeten of bloggen!

De tweet moet congruent zijn met de boodschap en het imago dat je in de markt wilt zetten.

Als je enthousiast raakt over een onderwerp dat je boeit en het op verschillende media wilt plaatsen, doe dat niet zonder meer willekeurig. Vermijd het verspreiden van te veel privé-aangelegenheden. Althans als je het als een zakelijk gereedschap wilt inzetten en een goed beeld wilt ontwikkelen van je bedrijf (op weg naar een merk worden). Denk eerst na over jezelf en je bedrijf als merk en wat het moet uitstralen. De inhoud van je boodschappen moeten dan merendeel Business Messages worden met af en toe iets persoonlijks er tussen door. Het persoonlijke moet het beeld versterken dat je een goed mens bent maar je privé aangelegenheden moeten niet de overhand krijgen. Houd het één op zeven en dan zit je doorgaans goed. Per medium kun je verschillende accenten leggen maar ga er bewust mee om. Facebook en Twitter lenen zich meer voor privé boodschappen. Business messages zijn bedoeld om subliminaal (onbewust) de juiste boodschappen bij de mensen neer te leggen. Wees er op bedacht dat wat voor de één een goede business message (nuttige informatie) is, voor de ander ruis kan zijn. Die verlangt dan weer een andere business message. Rondom je onderwerp kun je het beste meerdere invalshoeken publiceren. Wat het ook altijd goed doet is wat je in de markt oppikt. Bijvoorbeeld wat een ander over het onderwerp zegt of schrijft met de link erbij, zodat mensen het zelf kunnen verifiëren.

Zakelijke, rationele boodschappen worden doorgaans geconsumeerd zonder dat het de mensen echt opvalt. Ergens in hun brein blijft de boodschap wel hangen maar gaat het een onbewust leven leiden. Zakelijke, emotionele boodschappen komen wel effectiever over en blijven in het bewuste gedeelte van de brein actief. De meest effectieve emotie om een boodschap over te brengen is blijdschap. Onderzoek toont aan dat iemand die een mooi verhaal vertelt over hoe het geluk is gevonden, bij iedereen die het hoort een gelijksoortige reactie teweeg brengt. De delen in de hersenen die bij de verteller geactiveerd worden, zie je in mindere mate ook actief worden bij de toehoorders. Alleen als je permanent blije boodschappen verspreidt dan ben je ook weer niet geloofwaardig.

Figuur 19: Denk goed na over je "business messages"

Een andere emotie die goed werkt is passie of toewijding voor iets waar je aan werkt. Het kan zijn voor de lokale hockeyclub, het ondersteunen van een beginnend restaurant, het poppenhuis van je dochter, het fokken van huisdieren, enzovoort. Het kan een groter doel zijn zoals het ondersteunen van Artsen zonder Grenzen, Rampenhulp via giro 555 of het verbieden van de jacht op walvissen. Het hoeft niet per sé zo te zijn dat men het met je eens is, maar toewijding voor een zaak spreekt iedereen aan en inspireert mensen om voor zaken waar zij in geloven op te komen.

Het resultaat is dat men respect gaat krijgen voor wat je doet.

Sommige mensen zijn behept met het schrijven met humor. Als jij dat zelf bent, prijs je dan gelukkig. Het is al eerder aan de orde geweest, er zijn vele mensen die je willen helpen bij het schrijven van artikelen. Zoek dan iemand die ook enigszins met humor kan schrijven. Het grote voordeel is dat mensen het eerder lezen dan als je serieus blijft. Deze wereld is moeilijk voor de meer serieuze types! Een manier om zelf met humor over te komen is het lezen en het patroon volgen van een favoriete komiek of schrijver. Pak dan stukken tekst op en verwoord het met eigen voorvallen. Dan merk je dat er een vast patroon in zit. Na enige oefening kun je het zelf ook en schrijf je hele onderhoudende stukken blog. Het lastige is wel dat je het regelmatig moet oefenen want anders loop je vast. Maar goed, het is leuk werk en het dient een goed doel!

Figuur 20: Bedrijfsboodschappen komen via de Social Media steeds meer op allerlei plekken beschikbaar.

Linkedin.com

"Het is net een wereldwijd smoelenboek"

Linkedin is een heerlijk online netwerk dat zowel nationaal als internationaal voor je kunt laten werken. Het wordt vooral zakelijk ingezet en het is naast een netwerk ook een soort "smoelenboek" geworden. Maak een account aan, vul je profiel in en nodig je relaties uit. Die zijn meestal al op Linkedin aanwezig en dan is het eenvoudig; je klikt ze aan en verstuurt een link bericht. Zo niet stuur ze dan een email of ze mee willen doen. In Nederland is er een hoge acceptatiegraad. Het makkelijke van online communities zoals deze is dat je niet in één keer je profiel helemaal hoeft af te maken. Je mag je profiel in de loop van de tijd aanvullen in stukjes en beetjes, net zolang tot dat het af is. Begin vervolgens 3x per week iets te schrijven over iets wat je die dag in je business hebt meegemaakt. Als je 3x per week niet haalt begin dan met 1x per week en bouw het later uit. Door 1x per week te posten begin je aan je Merk te werken.

Er zijn inmiddels boeken verschenen hoe je het meeste uit Linkedin kunt halen, maar in eerste instantie is dat niet nodig als je doel is je eigen merk op te bouwen. Het heeft veel mogelijkheden en die kun je stap voor stap gaan activeren.

Groepen

Een van de functionaliteiten van Linkedin is dat je lid kunt worden van een groep. Er zijn er vele honderden, zoniet duizenden en er zijn er altijd een aantal van je gading. Door lid te worden van zo'n groep kun je meedoen aan discussies. Je kunt dus een vraag uitzetten en meestal krijg je binnen 24 uur antwoord. Zet je het wereldwijd uit dan kun je antwoorden binnen het uur verwachten. Wat wij handig vinden is dat je de discussies kunt volgen over de groepen heen en zo bij kunt houden wat de thema's zijn die de mensen bezighouden. Met regelmaat doen wij mee aan zo'n discussie en dan verwerf je enige bekendheid binnen zo'n community. De thema's zijn weer uitstekende onderwerpen om te bespreken tijdens het echte netwerken.

Figuur 21: Zo ziet een profiel op Linkedin er uit.

Eén van de mooie functionaliteiten is dat je er ook je eigen groepen (communities) kunt aanmaken. Rondom een thema kun je dan jouw relaties uitnodigen. Meestal zijn het professionele thema's, maar je ziet ook veel politieke. Wij gebruiken de groepen om onze boodschappen te publiceren en aankondigingen te doen van bijeenkomsten die we organiseren. Vervolgens sturen we uitnodigingen naar de mensen. Een groep maak je aan door het een naam te geven en een beschrijving van de activiteiten. Vervolgens nodig je mensen uit om lid te worden. Binnen Linkedin kun je lid worden van maximaal 50 groepen (en dat is erg veel). Een bijkomend voordeel van het lid zijn van de groepen is dat je discussies van anderen kunt volgen en zo met weinig moeite weet wat mensen in de markt bezig houdt.

Mensen kunnen reageren op je activiteiten. Wees er alert op dat als er een vraag is, dat die wordt beantwoord.

Ook handig is om van je bedrijf een pagina te maken. Meestal wanneer je jouw bedrijf invult als werkgever en het bestaat nog niet op Linkedin, dan vraagt het of die het moet aan maken. Vervolgens kun je een korte wervende boodschap erop zetten. Af en toe posten over het bedrijf zelf zorgt ervoor dat mensen het gaan volgen.

Linkedin heeft sinds 2015 flink gewerkt aan het verbeteren van hun blog mogelijkheden en andere zichtbaarheids-aspecten. Het betekent dat Linkedin steed belangrijker wordt bij de 'branding' met inhoudelijke kennis.

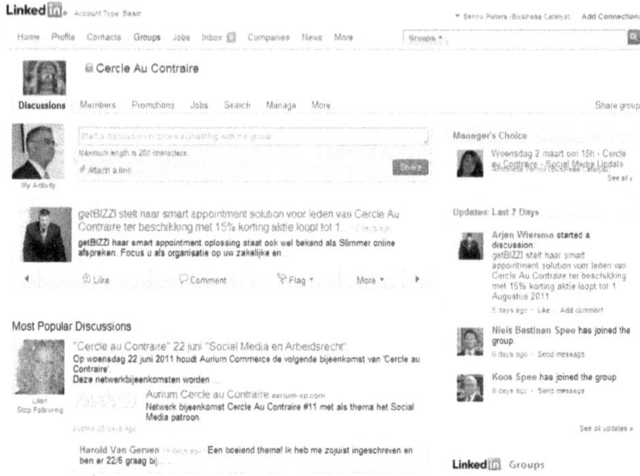

Figuur 22: Linkedin groep Cercle au Contraire.

Iets waar je op moet letten is dat wanneer je iets post op Linkedin, dat het ook doorgelinked kan worden naar andere Social Media, zodat het daar ook meteen verschijnt. Ht lijkt heel handig maar in de praktijk is dat niet. Het komt niet authentiek over als je op alle Media eenzelfde boodschap tegenkomt en soms doen collega's het tegelijkertijd door het ook te posten en te retweeten. Indien mensen je op de verschillende media volgen krijgen ze een 'meerdere pingen' tegelijk en zien ze jouw boodschap soms wel 6x in hetzelfde ventster. Niet doen dus, het is niet zoveel werk om andere zinnen over hetzelfde thema te formuleren.

Dit zijn de meest belangrijke mogelijkheden die je nodig hebt om een merk te worden. Maar Linkedin biedt nog veel meer mogelijkheden; het is echt de moeite waard om dit gereedschap verder te ontdekken.

Facebook

'In Facebook you make your life seem more interesting than it really is' Facebook resident

Heb je een saai leven? Dan is dit de plek om het te pimpen. Neem een gewone gebeurtenis en pimp het tot iets magnifieks! Hier mag het en wordt het van je verwacht. De meeste mensen gebruiken Facebook om anderen (hun contacten) op de hoogte te houden van wat er gebeurt. Wat vroeger een brief was aan een familielid om die op de hoogte te houden van je wel en wee, is nu overgenomen door Facebook.

Nu is het de sport om op Facebook 'business' met 'pleasure' te mengen en dat iets (doch gepast) uit te vergroten. Als je op Facebook rondkijkt zul je vele voorbeelden aantreffen.

'Larger than life' worden is dus het devies en schroom niet om daaraan mee te doen! Dus als je een netwerk bijeenkomst hebt bezocht en erover vertelt, gebruik dan woorden als "super bijeenkomst", "bijzondere mensen", "waanzinnige hapjes", enz. Probeer het uit en je zult zien dat een tikje aandikken best leuk is.

Je kunt zelf jouw 'Larger than life' imago ondersteunen met foto's. Met je Smart Phone is al gauw een redelijk plaatje te maken van wat je bijvoorbeeld eet in een restaurant. Door erbij te zetten dat je het zeer exquise vindt of een ander superlatief te gebruiken, maak je het interessant om te lezen.

Als je dit met enige regelmaat doet dan krijgen anderen bij wijze van spreken zin in jouw leven!

Figuur 23: Someecards heeft veel leuke ecards www.someecards.com.

Interessant is ook om rond te neuzen en te kijken wat anderen doen en hoe zij zich presenteren. Het is een heel goed medium om anderen te laten weten in woord en beeld wat je doet en in het kort even te laten weten wat je bezighoudt. Het is te vergelijken met een ansichtkaart waarin je in het kort vertelt wat er gebeurt. Vroeger werden ook nog wel eens postkaarten verstuurd waarop je heel compact kon schrijven wat je deed. Nu heb je meer mogelijkheden maar wees er zeker van dat je contacten graag lezen wat je schrijft.

Je kunt natuurlijk meerdere accounts met profielen aanmaken. Wat velen doen is ook voor hun bedrijf een account met een profiel aanmaken. Het bedrijf heeft dan een eigen identiteit met eigen volgelingen. Dan kan je jouw privé profiel koppelen aan dat van het bedrijf en zo wordt het merk geladen met twee profielen. Als andere medewerkers dat ook doen dan wordt het merk gekoppeld aan "waanzinnig" leuke mensen en daarmee een "superbedrijf".

Experimenteer ermee in kleine kring. Mocht het niet naar tevredenheid zijn kun je altijd een nieuw profiel opzetten en daarmee verder gaan.

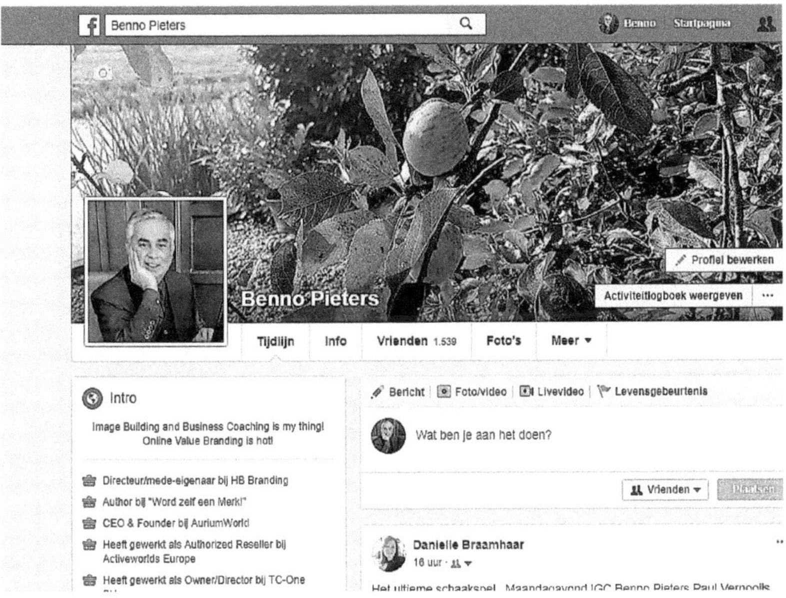

Figuur 24: Voorbeeld van een profiel op Facebook.

Wij hebben grootste plannen om meerdere boeken te schrijven. Op het moment dat deze screenshot was gemaakt waren we nog maar net bezig met dit boek. Ook bij

Facebook maak je een account aan en in de loop van de tijd kun je het aanvullen. Wat leuk is van Facebook is dat je er je foto's in kunt uploaden. Je kunt er veel privé foto's van mensen vinden maar aan te raden is, omdat we een merk willen worden, alleen die foto's te uploaden die ons merkbeeld versterken. De privé foto's moeten daar dus in passen. Foto's werken goed voor het bouwen van een merk. Zo is er een dame die fotomodel wilde worden en daar met een fotograaf afspraken over maakte. Zij plaatste die op Facebook en binnen de kortste keren nam iedereen aan dat het gewoon haar beroep was. Zij werd spontaan benaderd voor andere opdrachten en is zo de modellenwereld ingerold.

Nog een voorbeeld van hoe je een business op kunt bouwen met het inzetten van Facebook is de Lifestyle Business Club. Dit is een mooi initiatief van Erica Meure Pool waarbij zij vrouwelijke ondernemers wilt ondersteunen met hun business in de lifestyle. Erica wilde graag een Business Club opstarten dat evenementen organiseert en workshops organiseert. Na een half jaar was zij een begrip geworden en kreeg ze een prijs als 'E-Chick van het jaar'. Nu heeft haar Business Club meer dan 5000 leden en is ze bezig met het uitrollen door heel het land heen.

Ze is hier eind 2010 mee begonnen. Een verdienmodel als netwerkclub is doorgaans lastig op te zetten. Je moet veel communiceren met de markt. Facebook is daarin een perfect platform om je marktcommunicatie te verspreiden en de juiste mensen aan te trekken. De Lifestyle Business Club heeft een bedrijfspagina voor communicatie met iedereen en heeft ook een besloten groep waarin de echte leden zitten.

Figuur 25: De Lifestyle Business Club heeft meer dan 5000 leden geworven via Facebook.

Er zijn vele zelfstandige ondernemers en artiesten die zichzelf aanprijzen en met enige regelmaat zie je uitnodigingen om deel te nemen aan een event. Jij als ondernemer of professional kunt daar ook gebruik van maken. Je geeft op wat voor soort event het is, tijd en plaats enz. en je stuurt het naar je contacten. Heel handig is dat men gelijk kan zien wie er allemaal wel of niet komen. Ook kunnen mensen aangeven dat ze "misschien" zullen komen.

Figuur 26: Op Facebook kun je aangeven of je naar een event gaat.

Aan een event kun je ook een betaalmechanisme koppelen zodat je meteen entré kunt heffen. Dit is wel iets voor de gevorderde gebruikers

Op Facebook adverteren

Sinds 2013 is het mogelijk om op Facebook te adverteren en de manier waarop dat kan is buitengewoon geweldig! Facebook stelt zijn 'Big Data' aan jou ter beschikking voor een heel schappelijk bedrag. Ineens is adverteren mogelijk voor iedereen.

Zou het niet bijzonder fijn zijn als je automatisch aan nieuwe klantencontacten kunt komen? Door de inmiddels 9 miljoen leden van Nederlandstaligen op Facebook kun je met een heleboel mensen in contact komen! 6 miljoen mensen zijn dagelijks actief. Jouw potentiële klanten zijn er dus ook maar hoe bereik je ze?

Als ondernemer kun je sneller jouw Merk bouwen door te adverteren op jouw Facebook pagina. Dan moet je het in de basis op orde te brengen. Het is een pagina waar jouw klanten en prospects jouw kunnen volgen, jij jouw community kunt overtuigen van de kracht van jouw bedrijf en als je adverteert, ook omzet kunt generen. Eenmaal een Merk dan kun je kenbaar maken wat je te koop hebt en je volgers iets aanbieden waar ze wat aan hebben.

Goede content.

De content van je postings is natuurlijk belangrijk om jouw Merk te bouwen. Afbeeldingen die bij jouw bedrijf passen doen het altijd goed. Afbeeldingen van klanten die jouw product of dienst gebruiken werken nog beter. Door een tip bij de afbeeldingen te plaatsen gaan mensen jouw bedrijf meer appreciëren.

Maar hoe kom je aan goed beeldmateriaal? Je kunt niet continu een beroepsfotograaf bij de hand hebben. Gelukkig kan op de social media posten van een foto gemaakt met een smartphone al meer dan voldoende zijn. Vaardigheden zoals fotograferen en video opnames maken door het zien van het moment, kun je allemaal aanleren. Je kunt ook net zoals wij gewoon een heleboel foto's nemen; dan zit er altijd wel een goede bij.

Een posting meteen goede foto werkt als een verleider en wekt verder de interesse op. Eenmaal via Facebook aangehaakt kun je vervolgens in jouw posting geïnteresseerden opvangen door ze te laten doorklikken naar je landing page op je website. Een link in je posting naar je landing page is daarom erg belangrijk!

Landing Page.

Waarom een landing page? Nieuwe klantencontacten vang je het beste op met een Landing page achter je website. Het is een pagina die er wel is maar je normaal niet ziet tenzij je de link hebt. Waar zijn ze goed voor? Door klantenverhalen en overtuigingskracht kun je mensen enthousiast maken voor wat je te bieden hebt. Zet een formulier op je landingspage om hun gegevens op te vangen en mensen kunnen daarmee iets bij jou bestellen. Je hebt dan hun emailadres en je kunt ze verder opnemen in je mailingscampagnes. Een landing page werkt als een zwijgende verkoper die 24/7 werkt en nooit klaagt!

Heb je een goede landing page dan heeft het zin om je posting met Facebook te promoten. Dan betaal je een bedrag per dag en gaat het als een advertentie werken.

Facebook is heel goed in het inzetten van zijn 'Big Data' ten faveure van hun adverteerders. Je kunt je doelgroep heel nauw definiëren zodat je een echte niche hebt. In een niche heb je een grotere kans op succes dat jouw tekst met foto in je posting aanslaat dan in een ruim gedefinieerde doelgroep. Jouw tekst werkt het beste wanneer het een concreet probleem adresseert. Dan geeft het de meeste herkenning binnen jouw niche; het resoneert beter.

Tactisch adverteren

Facebook geeft de mogelijk om te kiezen qua leeftijdsgroep, geografie, beroepsgroepen en interesses. Door deze goed te definiëren kun je heel nauwkeurig je advertentiebudget richten.

Nu weet je het nooit helemaal zeker of je advertentie zal aanslaan dus is het verstandig om eerst met een klein budget te beginnen. Het aardige van Facebook is dat dat al met €1 per dag kan. Alle andere platforms zijn duurder en zijn daarmee meer risicovol om mee te beginnen.

Op Facebook kan dat al met €1 per dag adverteren en wat het beste werkt is om met 2 varianten te werken. Dan ben je €2 per dag kwijt en dan is nog steeds minder dan een kopje koffie. Met andere woorden, hier kun je niet aan failliet gaan! Na een week zie je welke advertentie het beste werkt want Facebook geeft de ratio's aan. De advertentie die de meeste kliks op de link geeft is de winnaar. Die geef je een iets hoger budget, bijvoorbeeld €2 per dag, en je maakt weer een variant voor €1 per dag. Na een week vergelijk je de resultaten en degene met de beste ratio's laat je winnen.

Voorbeeld.

Indien je auteur bent en je boeken uitgeeft met een 'online publisher' zoals Lulu.com dan kun je de volgende strategie uitoefenen. Je hebt een ebook geschreven en verkoopt dat voor €10. Of je hebt een echt boek geschreven en gepubliceerd voor €20. De marge die je hebt overgehouden is ongeveer €5 voor het ebook en €10 voor het gedrukte boek. Op je facebook pagina maak je de posting met bijpassend beeld en je zet er de link in naar je shopping cart van Lulu.com. Vervolgens klik je op 'promotie' in Facebook en maak je er een advertentie van. Laat het 2 weken lopen en dan weet je wat de ratio's zijn. Het varieert per boek natuurlijk maar heel vaak is de ratio 1:2,5. Dus voor iedere Euro die je erin stopt krijg je er €2,50 voor terug. [Voorbeeld KI]

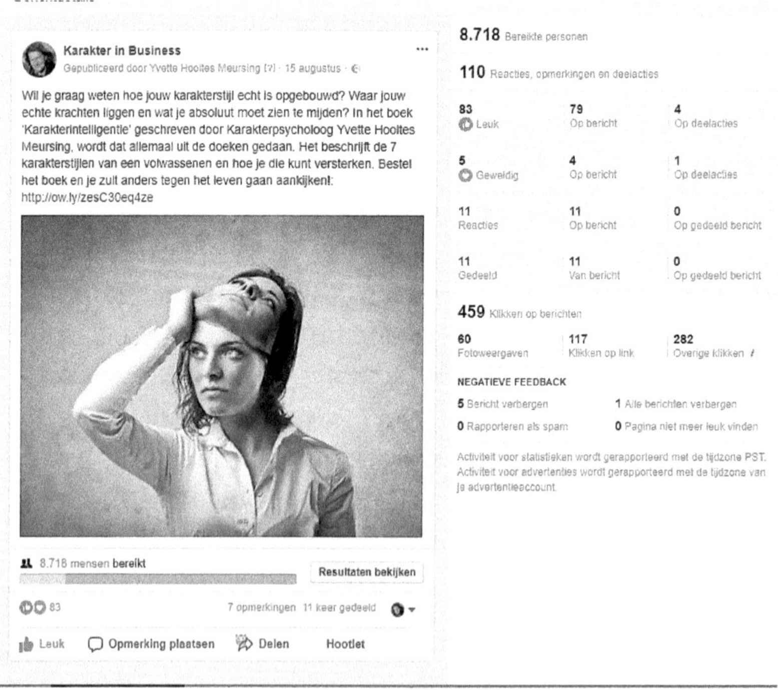

Figuur 27: Facebook adverteren geeft veel informatie over de effectieviteit

Voorbeeld.

Tijdens de zomervakantie kun je jouw klantenwerving door laten gaan met Facebook adverteren. Een jongerencoach heeft met deze advertentie 4 nieuwe klanten geworven ter waarde van €11.000 gedurende de vakantiemaand! De advertentiekosten waren €150. Goedkoper kan het haast niet.

Twitter

'To tweet or not to tweet, that's the question!'

Twitter is een medium om frequent te laten weten wat je doet, van één keer per dag tot één keer per kwartier. De meeste mensen zijn niet zo fanatiek doch wij vinden dat minstens één keer per dag wel gewenst is. Veel meer dan 3 tot 5 keer per dag is voor business niet verstandig, tenzij je een celebrity bent en men de behoefte heeft om jouw de hele tijd te volgen in je doen en laten.

Het is een mix van zakelijk en persoonlijk; sommige mensen doen uitsluitend privé meldingen, anderen doen een mix. Wij denken dat een goede mix van enkele privé gebeurtenissen (menselijk aspect) en zakelijke gebeurtenissen het beste zijn voor je merk opbouw. Wat je ermee weet te bewerkstelligen is het begin van een "gun factor". Ook al heb je de mensen nooit gezien, als je ze treft dan weet je al aardig wat van elkaar en is het snel zaken doen.

Je kunt ervoor laten zorgen dat je tweets met enige regelmaat en voorgeprogrammeerd op Twitter verschijnen. Nu lijkt dat wel teveel van het goede maar we kennen enkele bijna BN'ers die dat doen. Af en toe sturen ze er een echte tussendoor en de mix is compleet; je volgers denken dat je werkelijk live twittert. Twitteren kun je ook doen vanaf je smartphone. Bijna iedereen die we kennen die een iPhone heeft, een BlackBerry of een Android Smart Phone, twittert er lustig op los. Foto's genomen met de smartphone kun je meteen uploaden naar Twitter en je volgers kijken er vrijwel meteen naar.

Het medium heeft zich inmiddels bewezen en wij vinden zelf dat je een goede balans moet weten te vinden. Een mooi voorbeeld is Marja Ruigrok, voormalig directeur/eigenaar van Ruigrok/Netpanel en tevens fractievoorzitter voor de VVD in Amsterdam.

Figuur 28: Voorbeeld van een zeer goede twitteraarster.

Inmiddels krijgen ook wij aanvragen van mensen die geïnteresseerd zijn in wat wij kunnen bieden. Ze hebben ons dan meestal al een tijdje gevolgd, misschien een keer gezien zonder dat wij het wisten en vervolgens sturen ze een tweet. Ze bellen niet en mailen niet, tweeten is dan makkelijk. De boodschap is dan in de vorm van: "leveren jullie ook….." of: "ik ben op zoek naar….. en doen jullie dat ook?". Vervolgens wordt er heen en weer getweet. Een afspraak kan dan het gevolg zijn, of toch email verkeer, of een uitnodiging voor een event. Het komt nu bij ons regelmatig voor dat we binnen een maand een order hebben na eerste contact. Dit is nog niet de regel, maar is wel erg bemoedigend.

Dom Sagolla, medeoprichter van Twitter, vertelde hoe men tot de huidige vorm van Twitter gekomen is. Hij vertelde wat de filosofie is achter de reden waarom Twitter is beperkt tot 140 tekens. "Het cognitieve deel van de menselijke geest is beperkt in het ontvangen van informatie. Een zin telt daarom gemiddeld ongeveer 16 woorden, die dan uit gemiddeld 160 tekens bestaat. Dit wordt ook toegepast in de mobiele communicatie. Omdat de identiteit van de gebruiker ook wordt meegegeven in een Tweet, is het aantal tekens beperkt tot 140".

Natuurlijk kun je de hele dag verdoen aan alleen maar twitteren maar dat is natuurlijk niet de bedoeling. Zakelijk gezien is het een zeer nuttig medium om je business boodschappen te melden. Zorg ervoor dat je het minstens één keer per dag doet. Wij hebben ondervonden dat minimaal één keer zakelijk per dag en één keer half privé het beste werkt. Het zorgt ervoor dat mensen de zakelijke boodschap ook weten te onthouden.

Doordat je je tegelijkertijd leert om kort en bondig te zijn op twitter, wordt je normale communicatie ook krachtiger. Je gaat automatisch beter nadenken over kortere zinnen die toch duidelijk en helder zijn. Je Merk opbouwen wordt hierdoor goed ondersteund!

Figuur 29: Eén van de auteurs van dit boek is ook actief op Twitter.

Tegenwoordig biedt Twitter hele goede mogelijkheden om foto's en video's te posten. De tweets worden daardoor veel aantrekkelijker! Alle journalisten maken er intensief gebruik van, de meeste politici en mediadiensten. Zo wordt het een steeds populairder medium bij vooral nieuwsfeiten. Door politici te volgen kun je direct weten wat zij van mening zijn en hoe zij regeren op nieuwsfeiten.

Dat kun je ook voor jezelf doen: als je iets nieuws onderneemt zet het dan ook in ieder geval op Twitter.

Mobile Marketing, Mobile Shopping

"Herschept de manier waarop we zaken doen"

Met de komst van betaalbare mobiele breedband en het steeds slimmer worden van mobiele telefoons (smartphones) ontstaan er hele nieuwe mogelijkheden om zaken te doen.

Er is een nieuwe vorm van Social Media: Mobile Marketing. Met je mobiel kun je een 2D barcode (QR-code) scannen en mensen een video van je laten downloaden, tekstuele informatie geven (meer dan tweeten, minder dan bloggen) en foto's en korte filmpjes laten zien.

Dit is een nieuwe vorm van marketing want ineens worden advertenties heel erg meetbaar: het aantal keren dat ze gescand worden.

Een stap verder gaan nieuwe systemen die in de loop van 2011 op de markt komen en daarmee kun je na het scannen en bekijken, ook het product (of dienst) dat in het venster van je mobiel staat kopen. Dat doe je door een pincode in te tikken en vervolgens wordt het via één van de grote banken van je rekening afgeschreven. Er gaat een bericht naar een logistiek bedrijf en vervolgens wordt het product binnen een paar dagen bij je thuis afgeleverd. Of de leverancier krijgt een bericht en er wordt contact met je op genomen hoe de dienst het beste afgenomen kan worden.

Dit biedt ook de mogelijkheid om bijvoorbeeld concertkaartjes te kopen en een persoonlijke QR-code op je mobiel te laten verschijnen als bewijs van betaling. Het is vervolgens weer het toegangskaartje; je hoeft alleen maar de code voor een scanner te houden om je toegang te verschaffen bij een concert. Geen wachtrijen dus!

Een eigen mobile website maken om één boodschap te verspreiden kost wat geld maar dat kun je telkens opnieuw inzetten om nieuwe informatie te verspreiden. Je kunt een QR-code opnemen in de Social Media en telkens als iemand scant kun je iemand verblijden met een aanbieding. Het meest effectief is je boodschap ook te verspreiden via gewone email met een QR-code erin. Die wordt vanaf het scherm gescand en dan wordt het product op een hele directe wijze gekocht.

Een QR-code wordt gegenereerd door een programma dat om een productcode vraagt en een QR-code ervan maakt. Op je mobiel heb je een kleine applet nodig om die code te kunnen lezen. Dat word door verschillende partijen verzorgd. Als je de code scant dan leest je mobiel het getal en wordt dit vertaald in een actie, zoals bijvoorbeeld contact maken met een computer ergens in een datacenter en daar gegevens ophaalt. Dat kan leiden tot het opstarten van een mobiele website maar ook het kan ook leiden tot het opstarten van een loyalty programma.

Kortom, nieuwe ongekende mogelijkheden en welke voordelen we ervan zullen ondervinden is volop in ontwikkeling. Doch let goed op dit medium, want het zal een van de snelste manieren worden om omzet te genereren zodra je merk begint te ontstaan.

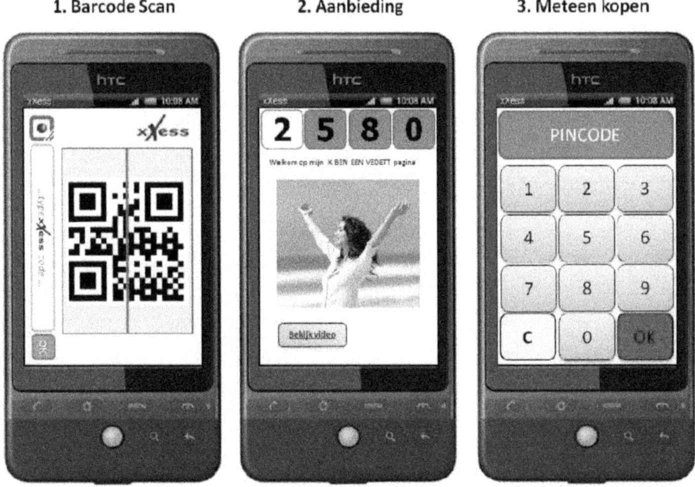

Figuur 30: Zo werkt Scannen en kopen.

Andere Social media

Pinterest, Instagram, Naymz, Xing, et cetera.

Iedere dag komen er nieuwe sites op de markt waar je je voordeel mee kunt doen. Het kan zijn dat een brancheverenging zich goed weet te profileren en met haar leden ineens een speler van formaat wordt. Of het kan komen via een protestbeweging die omvormt tot een brede maatschappelijke beweging. Probeer ze uit. Ja, het is lastig om telkens dezelfde gegevens in te vullen maar gelukkig hoeft dat niet in één keer.

Een goede site om aanbevelingen op te halen is via Naymz.com. Deze site is hiervoor speciaal bedoeld en faciliteert het op een eenvoudige en makkelijke manier. Je kunt 10 quotes over jezelf op display zetten en dat regelmatig veranderen (als je er meer dan 10 hebt). Het ziet er verzorgd uit en als je je profiel helemaal hebt ingevuld dan word je door hen automatisch in Google gepresenteerd, als iemand jouw naam googled.

Xing is al een tijdje op de markt en heeft een vaste doelgroep. Het is half zakelijk en half privé. Er komen regelmatig spin-offs van op het gebied van Multi-Level Marketing. Het is vooral in Duitstalige landen actief en daarom erg nuttig als je doelgroep daar ligt. Xing lijkt in veel opzichten op Facebook en Linkedin.

Verschillende bedrijven hebben er een gebouw waarin zij adverteren. Het is vooral experimenteel, want men ziet de potentie van in contact komen met grote groepen mensen, maar het is nog niet helemaal duidelijk welk business model er achter kan hangen.

Dagelijks komen er nieuwe mogelijkheden op Social Media bij en het is lastig te voorspellen welke een bijdrage kunnen leveren aan je merk. Experimenteer met nieuwe Social Media, want na een maand weet je of je doelgroep er zit en of het zin heeft.

Naast voornoemde Social Media zijn er nog zo'n 200 andere die je met enige regelmaat tegenkomt. Sommige zijn alleen op uitnodiging en exclusief (Smallworld.com). Plaxo.com is een handige die je outlook contacten en agenda synchroniseert.

Contact Logboek en Social Media Patroon

'Take control of your situation' Keith A Ayres.

Er is al vaker gesteld dat je niet zomaar lukraak wat moet posten op de verschillende vormen van Social Media. Een essentieel onderdeel van het merk bouwen is een consistente en regelmatige boodschap. Dat kun je het beste plannen door overzicht te creëren en bij te houden wat je in de verschillende media van plan bent te doen.

Maak dus een spreadsheet van je contact activiteiten. Zet in de tijd uit wanneer je wat in welk medium moet zetten. Plan dat vervolgens wekelijks in je agenda.

Een goede maat voor frequentie is als volgt:

Facebook, Linkedin, en gelijksoortigen: om de dag of dagelijks.

Twitter: twee tot drie maal daags. Sommigen zetten een paar keer per uur iets op Twitter. Dat is alleen maar nuttig als je een BN'er bent en mensen van uur tot uur willen weten wat je doet. Als je geen celebrity bent dan kan het gaan irriteren dus wees er voorzichtig mee.

Bloggen is belangrijk, maar de frequentie moet niet te hoog zijn. Een keer per week of een keer per twee weken is voldoende. Zorg ervoor dat er iets in staat waar mensen wat aan hebben (kennis) en vergeet niet op alle media te tweeten dat er een nieuw blogbericht is.

Een eigen Event organiseren: een keer per maand of een keer per twee maanden.

Als je het echt goed wilt doen dan zet je jouw meest belangrijkste contacten in een spreadsheet en houd je bij wanneer je iemand een bericht hebt gestuurd. Belangrijk is de wet van 2x5: pas na vijf keer iets over je gehoord te hebben blijft het bij de mensen in de herinnering en gaan ze je geloven. Pas na vijf keer contact met je gehad te hebben gaan ze iets kopen. De Wet van 5 kan verkort worden naar de wet van 2x3 als men jouw verhaal van anderen hoort en dat jouw boodschap bevestigt.

Stel dus een Social Media Patroon op dat voldoet aan de hiervoor vermelde frequentie van communiceren. Het kan met een simpele spreadsheet bijgehouden worden en met een klein beetje discipline kun je voor jezelf bijhouden of jouw communicatiedekking voldoende is. Vervolgens is het niet noodzakelijk om je er heel strak aan te houden. Er is natuurlijk ruimte voor improvisatie en patroonaanpassing. Het meest belangrijk is wel dat er wat gebeurt en dat men je regelmatig ziet posten met iets nieuws wat bij je merk hoort.

Het beste kun je de blog plannen en realiseren, vervolgens plan je de tweets over de Social Media eromheen. Kies onderwerpen uit waarover je gaat posten en maak er variaties op. De onderwerpen hoeven niet na elkaar te komen; ze mogen gerust door elkaar heen gebruikt worden.

Het Social Media Patroon is een van de belangrijke onderdelen die helpen met het bouwen van je merk en het onderhouden van je autoriteit. De regel van vijf keer communiceren kun je erin bewaken. Het betekent niet dat je vijf keer hetzelfde bericht moet publiceren, maar vijf keer een bericht over eenzelfde onderwerp. Je zult merken dat het meteen werkt . Zet het direct op en ga er planmatig mee aan de slag. Nu is het prettige van het patroon dat, als je een activiteit een keertje vergeet, je het kunt opvangen met andere elementen in het patroon. Een Social Media Patroon is dus vergevingsgezind!

Een Channel op YouTube

"Het is niet zo lastig als je wellicht denkt! Met een Flip heb je het zo voor elkaar!!"
Antoinette Pernot, Business Catalyst, Schrijfster

Een video channel op YouTube werkt erg goed maar vergt meer aandacht. Wat het meest effectief werkt zijn korte filmpjes van 1-2 minuten in de vorm van een thema waarin informatie-overdracht plaats vindt. Dus stel dat je veel weet over motiveren van mensen, dan kun je daar een video-blog voor opzetten. Een voorbeeld is Mr. Harder van Kristian Esser. Dat is een bedrijf dat ondernemers helpt klanten te verleiden via Social Media. (www.misterharder.com). Twee keer per maand maken zij een videoblog (dat noemen zij Whisper TV) om 09.00 uur op donderdag. Op YouTube vind je een heleboel info-channels variërend van zeer inhoudelijk tot infotainment.

Zo zijn er talloze mensen die zichzelf presenteren op YouTube. Zangeres Esmee Denters wist door te breken via YouTube; zij werd een merk! Maar wat de meesten niet goed voor elkaar hebben is de mix van de verschillende Social Media in een samenhangend plan om een merk te worden. Deze vorm van communiceren wordt ook wel Vlog genoemd. In samenwerking met Twitter en Facebook is het een effectief instrument.

Een filmpje posten op YouTube is natuurlijk een mooie aanleiding om ook op de andere Social Media kenbaar te maken dat er iets nieuws is. Alleen zal het filmpje wel aantrekkelijk en onderhoudend moeten zijn. Een beetje planning vooraf is wel op zijn plaats. Ga niet zomaar wat zeggen (de natuurtalenten daargelaten), schrijf wat er gezegd moet worden uit. Plaats dat naast de camera en lees het dan voor. Eerst even oefenen want je moet er wel gevoel in kunnen leggen. Er zijn verschillende software programma's om de filmpjes te editen, zowel in de Windowswereld als in die van Apple. Hou er rekening mee dat het veel werk vergt als je het te uitgebreid maakt. Voor iedere minuut film ben je ongeveer een uur bezig. Dit kun je natuurlijk door professionele mensen laten doen, maar dan wordt het prijzig. Er zijn ook veel freelancers die voor een schappelijke prijs iets heel redelijks in elkaar zetten. Vraag aan hen om je dan drie keer te filmen vanuit verschillende gezichtshoeken en dat te editen en te monteren naar een samenhangend geheel.

Eenmaal een aantal filmpjes gemaakt dan begint je channel zich al aardig te vullen en kunnen mensen zich abonneren op je channel. Dat is natuurlijk een stevige bijdrage voor het bouwen van je merk, maar je moet er wel meer moeite voor doen. Let er vooral op dat je boodschap in de loop van de tijd consistent moet zijn. Variaties op het thema kunnen uiteraard wel, maar houd het kort en bondig. Wil je toch een ander onderwerp aansnijden, overweeg dan om er een channel naast op te zetten. Maar verlies je niet in de tijd dat het allemaal kost. Het is zeker leuk werk, maar je moet ook ondernemen en geld verdienen.

Net zoals bloggen kan leiden tot een boek, kan een VLog leiden tot een documentaire of korte film. Door stukken achter elkaar te zetten met een nieuw tussenstuk, heb je heel snel een film in elkaar gezet. Door een mooie Voiceover stem worden de stukken aan elkaar gepraat en muziek erbij doet ook heel wat. Ook kun je materiaal van andere

Vloggers gebruiken. Wel eerst vragen! Meestal zeggen ze 'ja' als je de bron vermeldt en een goede verwijzing maakt.

My Tech Insider Video Interview On What It Takes To Be a YouTuber

Figuur 31: VLog voorbeeld van Ijustine op YouTube.com.

Wij denken dat in de komende jaren dit een steeds belangrijker medium in de Social Media Pattern wordt. Vooral bij het onderhouden van je Autoriteit als je het eenmaal geworden bent. VLogs kunnen zowel ter vermaak als serieus medium ingezet worden. Het beste is natuurlijk om beide te gebruiken als je die kunst verstaat!

Figuur 32: De Vlog van Geert Hommes die over "Luisteren met je ogen" vertelt.

Instagram

Instagram heeft wereldwijd meer dan 600 miljoen actieve gebruikers. Dagelijks maken er 300 miljoen mensen gebruik van het platform. In de laatste jaren zijn ze meer dan verdubbeld. Instagram is in veel landen de nummer twee meest gebruikte Social Media. Instagram moedigt ook bedrijven aan om het platform te gebruiken om hun Brands te promoten. Maar hoe kun jij jouw Merk ermee bouwen?

Instagram is een mobiele app om foto's te delen en het is een sociaal netwerk. Het werkt met volgers, net als Twitter, maar in plaats van tekst updates ontvang je foto updates. In de app is het mogelijk om foto's een ander uiterlijk te geven door extra fotolagen. De tijdlijnen van zowel Facebook als Twitter staan daarom bol van de Instagram-foto's.

Instagram is heel erg populair bij jonge mensen tussen de 20 en 35 jaar. Wanneer dat je doelgroep is dan is het belangrijk om hierop actief te zijn. Je ziet vooral dat mensen hun lifestyle delen op dit platform. Het is eigendom van Facebook sinds 2012 en het heeft een grote sprong voorwaarts gemaakt sinds die tijd.

Instagram werkt ook heel erg goed voor jouw 'Personal Branding'! We hebben mensen meegemaakt die geld verdienen met hun Instagram activiteiten. Dat werkt ongeveer als volgt: ben je een mooi persoon en sta je actief in het leven. Zorg dan voor 1 update per uur en trek volgers aan door jouw leven met hun te delen. Het helpt als je extravert bent en/of creatief. Omdat mensen je op Instagram makkelijk kunnen volgen, groeit je aanhang snel. Geef ook productadviezen en updates daarover. Zodra je rond de 10.000 volgers hebt dan beginnen bedrijven je te benaderen om hun producten te promoten, door middel van een 'shout'. Jijzelf krijgt de producten gratis. Dat is je eerste winst. Zit je rond de 1 miljoen volgers dan gaan bedrijven jou betalen, om hun producten te promoten. Voor bedrijven is het een makkelijk rekensommetje; hun opbrengsten ten gevolge van jouw promotie tegenover de kosten die ze aan jou kwijt zijn.

Dit platform is gericht op zowel persoonlijk gebruik als voor zakelijke toepassingen. Journalisten maken professioneel gebruik van Instagram, om foto's te maken van waar ze zitten en promoten daarmee ook het mediabedrijf waarvoor ze werken. Andere bedrijven die vooral in de Lifestyle zitten, laten hun personeel ook foto's en video's plaatsen tijdens kantooruren.

Instagram zorgde ervoor dat in 2016 bedrijfsprofielen gemaakt konden worden om zo de zakelijke markt beter te bedienen. Ze willen ook delen in het succes dat Snapchat heeft met 'Stories'. Daarin deel je jouw niet al te perfecte opnames die 'in het moment' zijn, van maximaal 10 seconden. Jouw volgers kunnen zo de hele dag zien wat je aan het doen bent in een bewegend beeld. Jouw materiaal (video's en foto's) verdwijnen na 24 uur. Je kunt ze voorzien van teksten en ander figuren.

Als je op Instagram ingelogd bent dan zie je bovenin de profielfoto's van de mensen die jij interessant vindt; sommigen met een rode cirkel. Dat is het teken dat zij een 'story' hebben geplaatst. Door er op te tikken en doorklikken kun je zien wat zij nog meer te bieden hebben. Ook kun je zien wie er naar jouw story's gekeken hebben.

Je kunt foto's en video's uit je Story op je Instagramprofiel plaatsen. Jouw Story kun je publiekelijk weergeven of alleen aan je eigen volgers. Je kunt ook volgers uitsluiten, zodat zij alleen de content op je tijdlijn kunnen bekijken.

Wat is de functie van Instagram Stories?

Het is gewoon een leuke en anders dan andere manier om informatie aan te bieden. De markt al bewezen heeft dat het werkt, want deze functionaliteit kom je ook in Snapchat tegen en een paar andere, minder bekende Social Media netwerken. Vooral voor mensen die druk zijn op Instagram, zoals modellen, zangers en zangeressen, en andere mensen die in de spotlight willen staan, biedt het een goede en snelle manier om net iets meer van hun dagelijks leven te laten zien en promotie te maken voor een nieuw product dat zij gaan gebruiken.

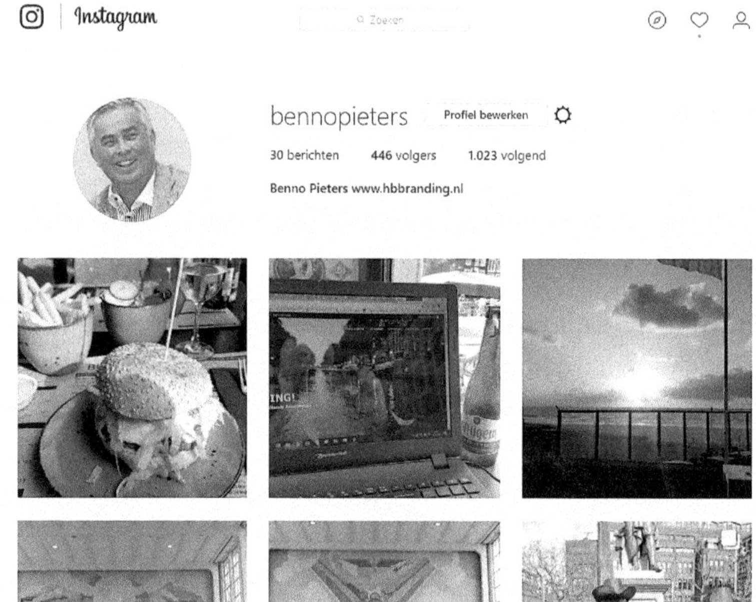

Figuur 33: Met Instagram geef je visueel je bezigheden weer.

Foursquare

'Location based Twitter'

Foursquare.com is de combinatie van social media en een game. Als gebruiker kun je een applicatie op je mobiele telefoon downloaden en inchecken op de plaatsen (venues) waar je komt. Hiermee verdien je punten en soms ook badges. Als je incheckt kun je deze check-ins delen met je Foursquare relaties maar ook doorsturen naar Twitter en Facebook. Als je op een specifieke locatie vaak incheckt kun je Mayor (burgemeester) worden. Maar als iemand anders vaker incheckt verlies je die status weer. Hiermee zit er een competitief element in van gaming.

'Geolocation' is vaak omschreven als 'the next big thing' op internet, met allerlei interessante mogelijkheden. Gecombineerd met een grote 'fun factor'. Daarnaast bestaat er ook een grote zorg omtrent privacy.

Soortgelijke mogelijkheden hebben Gowalla en Facebook. Bij Facebook heet dat Facebook Places.

Op het eerste gezicht denk je dat het melden van waar je bent niet zoveel om het lijf heeft, maar de crux zit hem in de combinatie van de tekst die mensen meegeven en het spelelement dat het medium biedt. Zo ontstaan nieuwe business modellen.

Hoe kun je dit voor jezelf toepassen?

Er zijn al diverse voorbeelden van bedrijven die Foursquare actief gebruiken. In Nederland is dat bijvoorbeeld Selexyz Scheltema. Daar ontvang je een gratis bestseller als je er tien maal hebt ingecheckt!

Maar ook het Van Gogh Museum is actief. Je krijgt als je daar Mayor bent twee gratis drankjes. Op de Foursquare-website vind je nog een aantal voorbeelden. http://foursquare.com/businesses/

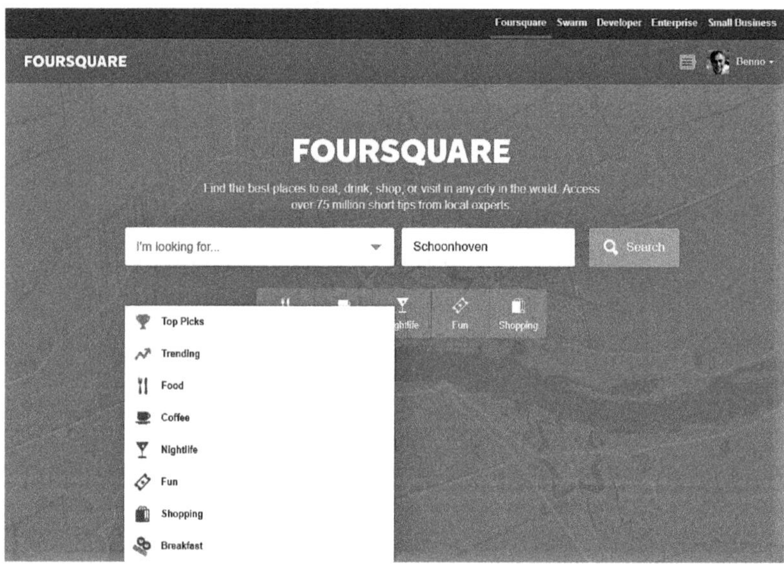

Figuur 34: De Foursquare website, www.foursquare.com.

Een interessant voorbeeld lazen we in The Wall Street Journal van 4 augustus 2010 en komt uit Los Angeles, Amerika, waar een retailer afgelopen juni een nieuwe shop opende. Om dit op een low cost basis aan de omgeving kenbaar te maken heeft zij zich al gauw gewend tot het internet en de bekende Social Media. Echter het was via het locationbased Foursquare dat ze vrienden en relaties op de been heeft gekregen om bij haar winkel in te checken en dit weer onder hun vrienden te verspreiden! Een mooie combinatie van loyalty en fun!

Voor bars en restaurants is Foursquare al een gegeven waar ze niet omheen kunnen. Restauranthouders houden via Foursquare angstvallig in de gaten of de klanten het naar hun zin hebben. Want klanten geven 'realtime' hun beleving door aan de Foursquare community en iedereen die aangemeld is en in de omgeving zit krijgt hier melding van. Is een ober onbeschoft? Dan wordt dit gemeld. Is het eten niet lekker? Dan wordt hier meteen melding van gemaakt.

Voor deze sector is Foursquare nu al zeer belangrijk bij het opbouwen van je merk.

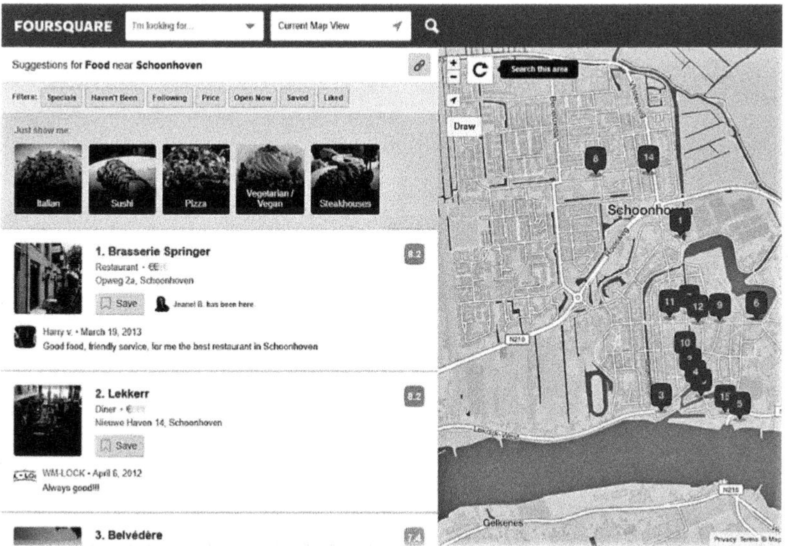

Figuur 35 Restaurants zoeken is heel eenvoudig met Foursquare.

Referentie verkoop

"Ik wist niet dat ik Sales zo leuk zou vinden; het is helemaal niet eng!" Laura Dufour, lifestyle onderneemster en schrijfster van de "Stijlgids"

Er gaat niets boven het werken met bestaande tevreden klanten en dan vragen of je een uitspraak van ze mag gebruiken die jouw merkenbouw ten goede komt. Een aantal goede referenties en aanbevelingen rondom eenzelfde thema en je wordt ook een autoriteit rondom het onderwerp.

Maar hoe krijg je aanbevelingen van derden? Tot voor kort was het een kwestie van je stoute schoenen aantrekken en het gewoon vragen. Het beste werkt het als je meteen iets terug doet in de vorm van een aanbeveling. Daar komen de hedendaagse Social Media nu goed van pas. Ineens is het een stuk makkelijker en niet meer indiscreet om een aanbeveling te vragen. Alle Social Media staan toe en moedigen aan om iets aan reputatie marketing te doen.

Bij Linkedin bestaat de mogelijkheid om aanbevelingen te krijgen. De meest eenvoudige manier om een mooie aanbeveling te krijgen is er één zelf te schrijven voor een ander en die naar hem toe te sturen. Linkedin heeft hier een mooi mechanisme voor. Je kunt vervolgens vragen of ze er een terug willen sturen over jou. Onze ervaring is dat de helft van de mensen dit doet.

Bij goede klanten kun je gewoon vragen of je een stukje over hen kunt schrijven en of je een quote van hen mag gebruiken. Laat het niet aan hen over om iets op te schrijven, want dan komt het nooit af. Doe een aantal suggesties, schrijf het zelf op en leg het aan hen voor. Als je zelf niet kunt schrijven of interviewen, zoek dan op internet naar freelancers. Ze werken snel en goedkoop en je hebt er veel aan.

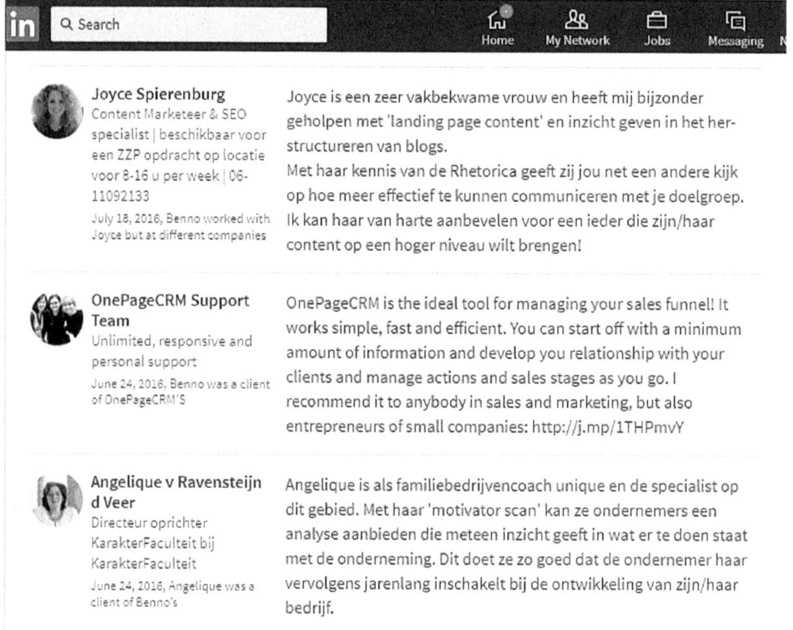

Figuur 36: Geef aan anderen die je kent een aanbeveling en dan willen ze er graag een voor je terug doen.

Een andere methode is om aan je tien beste klanten te vragen of ze je willen aanbevelen bij hun relaties. Ze willen allemaal helpen, maar niet iedereen is direct in staat dat te doen. Meestal krijg je van drie tot vier klanten een contact doorgespeeld. De anderen kijken passief, maar zullen er in ieder geval erover communiceren.

Nog een mooie methode is om je klanten te betrekken bij een discussie over jouw product of dienst. Dat kan een panel zijn, een denktank, een discussiegroep. Als jouw klanten enigszins gepassioneerd over jouw dienst of product discussiëren dan vertellen ze dat automatisch door.

Vergeet je eigen kennissenkring niet, ze willen je graag helpen als je het vraagt. Stel een flyer op van je product of dienst en vraag of ze deze flyer willen doorsturen naar potentiële klanten in hun netwerk, of een introductie bij hen willen verzorgen. Houd ze op de hoogte van de vorderingen en, geef hen bij succes een etentje.

Figuur 37: Voorbeeld van aanbevelingen op Linkedin.

Een andere manier om te achterhalen of men een referentie wil zijn is om een klantentevredenheidsonderzoek te houden. Dat kun je uitbesteden of gewoonweg zelf doen.

Het laten resoneren van je boodschap

"Meer doen met minder energie"

Verplaats jezelf in een hal met toeschouwers, je vertelt een verhaal en je hoort je sonore stem door de ruimte galmen. Iedereen luistert ademloos, want naast je aangename voorkomen en stem, is jouw verhaal een mooi emotioneel betoog over de merites van je product of dienst. Na afloop komen de mensen spontaan naar je toe voor je visitekaartje en of je ze kunnen bellen voor een afspraak. Kun je zoiets ook bereiken met Social Media?

Als je met regelmaat je boodschap de markt instuurt en dezelfde boodschap op events laat rondgaan, dan merk je op een gegeven ogenblik dat het gaat resoneren. Je hoort mensen er zelf over beginnen en aan elkaar uitleggen zonder dat je er zelf nog over begonnen bent. Je hebt dan de "eigen frequentie" van het "systeem" bereikt. Het systeem zijnde de klantendoelgroep met hun behoeften aan oplossingen voor hun problemen. Dit is het gebied van de dynamica en daar zou weer een heel boek met wiskunde aan gewijd kunnen worden, maar voor dit moment gaat dat zeker te ver. Het volstaat voor dit moment om het besef te hebben dat ieder systeem een eigen frequentie heeft. Het wordt gevormd door (1) een "behoefte" (de oplossing voor een probleem), (2) een "veerkracht" die openstaat voor verandering met als basis persoonlijke ervaringen van hoe dingen aangepakt dienen te worden en (3) een "demping" op het invoeren van de verandering (ook wel weerstand) dat gevormd door een complex aan redenen (om iets niet te doen). Als dit systeem wordt aangesproken met een serie boodschappen van de juiste (eigen) frequentie dan gaat het meetrillen. Als een boodschap heel erg aanslaat is dat doordat men het vindt passen bij de eigen ervaringen of intuïtie, en dat de invoeringsproblematiek als laag risico wordt beschouwd, dan heb je te maken met een licht gedempt systeem dat makkelijk in resonantie komt. Die situatie tref je regelmatig in hype situaties aan en degene die al wat langer meelopen herinneren zich de internet hype maar al te goed. Nu hebben we net de vastgoed en hypotheken hype gehad met wereldwijde gevolgen. Als een systeem in eigen frequentie raakt en alsmaar doorblijft gaan, dan kan het kapot resoneren. En in het geval van een hype in de economie gaat dat meestal gepaard met grote financiële consequenties.

Zo lang dat niet zo is, probeer dan vooral de eigen frequentie van je "systeem" te vinden, want dan verspreidt jouw boodschap zichzelf met grote snelheid en komen de kopers vanzelf naar je toe. Het geheim ligt in het met regelmaat distribueren van je proposities in verschillende vormen, op een wijze, die de emoties aanspreken en de Social Media maken het ineens mogelijk om dat resonantiepunt snel te vinden. Er zijn geen vaste regels voor het vinden van resonantie frequenties omdat het per propositie weer anders is. Door het uit te proberen en op te letten welke uitwerking het heeft, kun je een goed idee krijgen van wanneer je dat punt bereikt. Met een klein beetje energie regelmatig ingezet, weet je grote golven op te wekken. De Social Media zijn een mooi middel om dat uit te proberen.

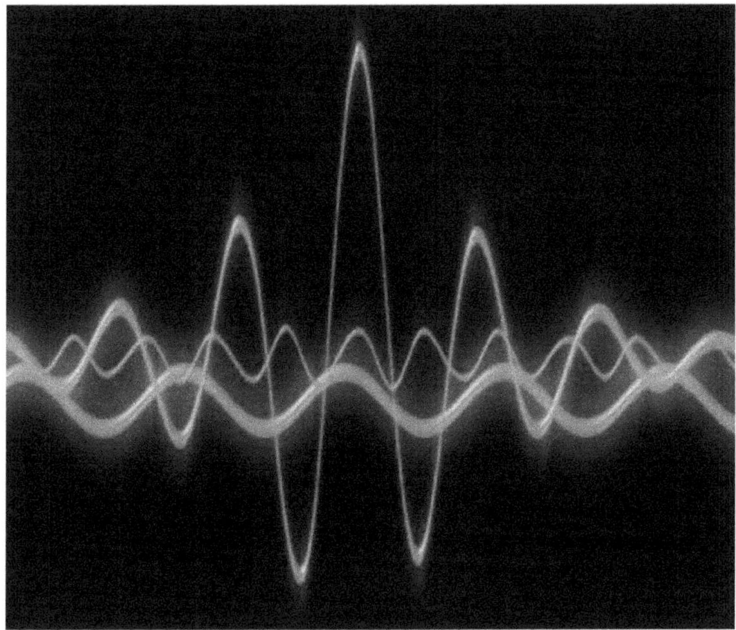

Figuur 38: Zoek naar de resonantie frequentie van de Social Media groep.

Social Media Patroon en administratie

"In patronen schuilt de schoonheid"

Als je eenmaal aan de gang bent dan wordt het belangrijk om een Social Media Pattern (patroon) in de markt neer te leggen. Dit patroon dicteert waarin je publiceert en met welke frequentie. We hebben zojuist gezien dat het vinden van een resonantie wel erg mee zou werken in het versneld een merk worden. Maar dan moeten we daar wel actief naar op zoek gaan.

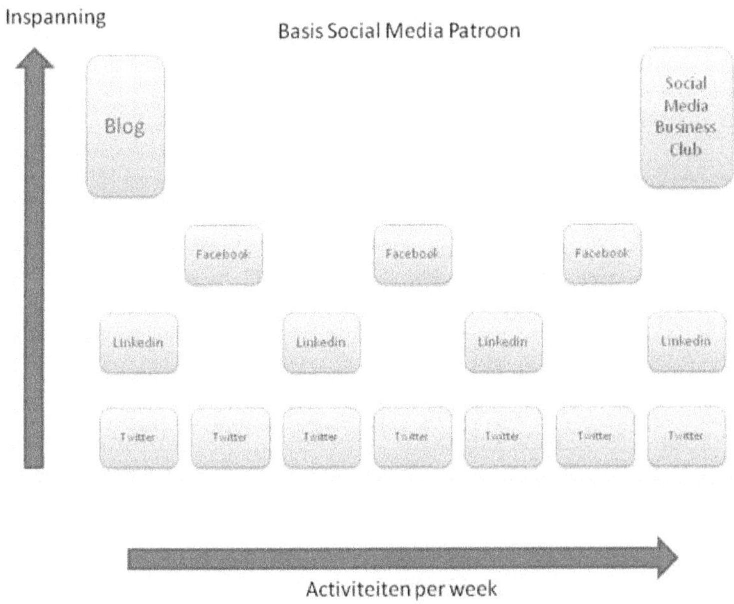

Figuur 39: Voorbeeld van een effectief basispatroon.

Een (nieuwe) boodschap wordt pas onthouden en voor waar aangenomen als men het minstens vier keer gehoord heeft. Het wordt bekort als men dezelfde boodschap van een derde hoort nadat ze het van jou gehoord hebben. Binnen het patroon dient dus enige herhaling vastgelegd te worden met variaties op een thema.

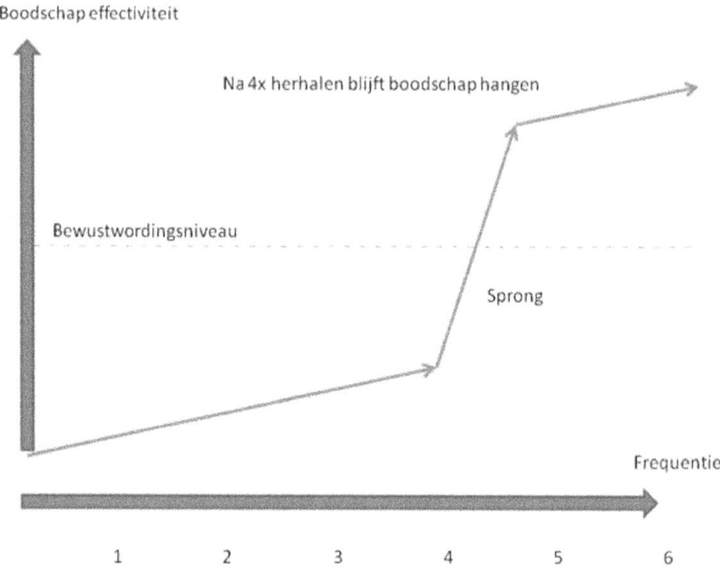

Figuur 40: Na vier keer herhalen van hetzelfde bericht wordt het waargenomen en geloofd.

De administratie van het geheel wordt zo onderhand een vak apart. Waarschijnlijk treffen we binnenkort softwarepakketten op de markt aan die dit voor ons beheren. Voorlopig moeten we het doen met een spreadsheet en/of Worddocument om dit bij te houden.

Een spreadsheet heeft de voorkeur, want die is eenvoudig bij te werken en je hebt in één overzicht het patroon voor je. Google Docs werkt hierin prima en het voordeel is dat je het met andere mensen kunt delen en er tegelijk in kunt werken. Natuurlijk zijn er ook andere oplossingen maar Google Docs is gratis, werkt snel en is goed genoeg. Als je gezegend bent met een goed werkend CRM systeem zet het Social Media patroon uit in de actielijsten met de verantwoordelijken erbij. Het bewaken is het moeilijkst natuurlijk maar als er per ongeluk iets wordt overgeslagen dan geeft dat niet. Als er maar wel direct op wordt geanticipeerd.

Social Media Dashboard

'The Secret is in managing the Pattern'

Eenmaal een patroon bedacht dan zou het handig zijn als je niet op ieder medium hoeft in te loggen om iets te publiceren. Nog mooier zou zijn als je van te voren je postings in de tijd uit kunt zetten. Vooral mensen die veel willen zeggen zijn hiermee gediend. Want als je alles in een keer Tweet, dan krijgt de boodschap een kortstondig leven. Een patroon kan vrij ingewikkeld worden als je doelgroep zich verspreid heeft over meerdere Social Media. Om natuurlijk en authentiek over te komen geef je ieder Social Media Platform een andere karaktertrek mee van je merk. Op Facebook 'Larger than Life', op Linkedin "Ingetogen Professional" en op Twitter "gepast gossip". Met dan nog Foursquare over je merklocatie erbij, heb je een aardige klus om het allemaal uit elkaar te houden. Gelukkig zijn er weer ondernemers die op die behoefte induiken en daarmee een stuk markt creëren en afdekken. We behandelen nu een belangrijke: Hootsuite.

Hootsuite

Hootsuite is een gratis software gereedschap dat je in staat stelt al je postings op verschillende Media te posten (wees er voorzichtig mee dat je niet op alle Media telkens exact dezelfde boodschap laat verschijnen). Een mooie "feature" is het kunnen uitzetten van je boodschap in de tijd. Als je onder verschillende namen werkt, dan kun je die ook tegelijkertijd beheren.

Het is erg intuïtief en werkt prettig als je bekend bent met het werken met de verschillende Social Media. Experimenteer ermee en na een uur kun je er volledig mee omgaan.

Social Media Planning met Hootsuite.

Met Hootsuite heb je de mogelijkheid om over verschillende platforms heen te kunnen posten en in de toekomst te plannen. Hootsuite stelt je in staat om je werk te verlichten en tijd te besparen. Daarom werkt de Microbloglijst zo handig want je kunt ze in 1 keer op laden en gedurende bijvoorbeeld een maand automatisch te posten. Je Merk wordt al geleidelijk opgebouwd door deze uitingen. Vergeet niet dat een gemiddeld persoon iets minstens 4-5 keer zien, lezen of horen alvorens het blijft hangen. Daarbovenop kun je real-time posts plaatsen en je krijgt daarmee een rijk online beeld van jouw zakelijke bezigheden. Mensen houden daarvan en willen meer van je weten.

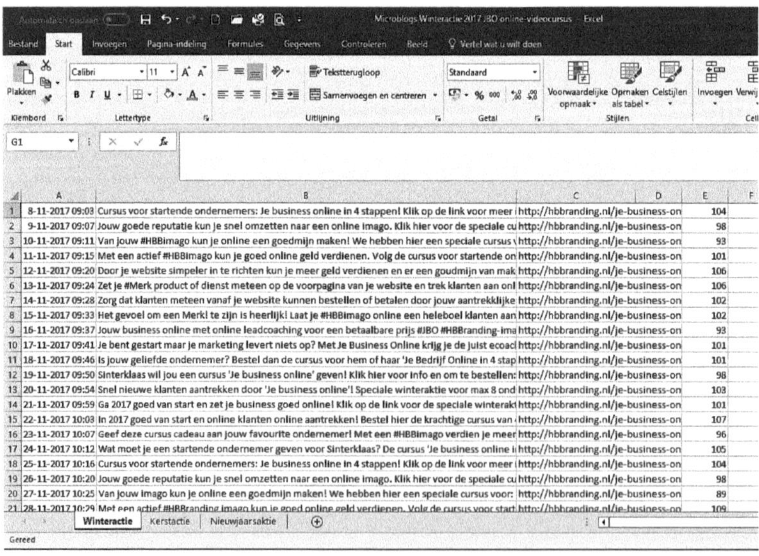

	A	B	C	D	E
1	8-11-2017 09:03	Cursus voor startende ondernemers: Je business online in 4 stappen! Klik op de link voor meer i	http://hbbranding.nl/je-business-on		104
2	9-11-2017 09:07	Jouw goede reputatie kun je snel omzetten naar een online imago. Klik hier voor de speciale cu	http://hbbranding.nl/je-business-on		98
3	10-11-2017 09:11	Van jouw #HBBimago kun je online een goedmijn maken! We hebben hier een speciale cursus \	http://hbbranding.nl/je-business-on		93
4	11-11-2017 09:15	Met een actief #HBBimago kun je goed online geld verdienen. Volg de cursus voor startende on	http://hbbranding.nl/je-business-on		101
5	12-11-2017 09:20	Door je website simpeler in te richten kun je meer geld verdienen en er een goudmijn van mak	http://hbbranding.nl/je-business-on		106
6	13-11-2017 09:24	Zet je #Merk product of dienst meteen op de voorpagina van je website en trek klanten aan onl	http://hbbranding.nl/je-business-on		106
7	14-11-2017 09:28	Zorg dat klanten meteen vanaf je website kunnen bestellen of betalen door jouw aantrekklijke	http://hbbranding.nl/je-business-on		102
8	15-11-2017 09:33	Het gevoel om een Merk! te zijn is heerlijk! Laat je #HBBimago online een heleboel klanten aan	http://hbbranding.nl/je-business-on		102
9	16-11-2017 09:37	Jouw business online met online leadcoaching voor een betaalbare prijs #JBO #HBBranding-ima	http://hbbranding.nl/je-business-on		93
10	17-11-2017 09:41	Je bent gestart maar je marketing levert niets op? Met Je Business Online krijg je de juist ecoac	http://hbbranding.nl/je-business-on		101
11	18-11-2017 09:46	Is jouw geliefde ondernemer? Bestel dan de cursus voor hem of haar 'Je Bedrijf Online in 4 stap	http://hbbranding.nl/je-business-on		101
12	19-11-2017 09:50	Sinterklaas wil jou een cursus 'Je business online' geven! Klik hier voor info en om te bestellen:	http://hbbranding.nl/je-business-on		98
13	20-11-2017 09:54	Snel nieuwe klanten aantrekken door 'Je business online'! Speciale winteraktie voor max 8 ond	http://hbbranding.nl/je-business-on		103
14	21-11-2017 09:59	Ga 2017 goed van start en zet je business goed online! Klik op de link voor de speciale winterakt	http://hbbranding.nl/je-business-on		101
15	22-11-2017 10:03	In 2017 goed van start en online klanten online aantrekken! Bestel hier de krachtige cursus van	http://hbbranding.nl/je-business-on		107
16	23-11-2017 10:07	Geef deze cursus cadeau aan jouw favourite ondernemer! Met een #HBBimago verdien je meer	http://hbbranding.nl/je-business-on		96
17	24-11-2017 10:12	Wat moet je een startende ondernemer geven voor Sinterklaas? De cursus 'Je business online i	http://hbbranding.nl/je-business-on		105
18	25-11-2017 10:16	Cursus voor startende ondernemers: Je business online in 4 stappen! Klik op de link voor meer i	http://hbbranding.nl/je-business-on		104
19	26-11-2017 10:20	Jouw goede reputatie kun je snel omzetten naar een online imago. Klik hier voor de speciale cu	http://hbbranding.nl/je-business-on		98
20	27-11-2017 10:25	Van jouw imago kun je online een goedmijn maken! We hebben hier een speciale cursus voor:	http://hbbranding.nl/je-business-on		89
21	28-11-2017 10:29	Met een actief #HBBranding imago kun je goed online geld verdienen. Volg de cursus voor start	http://hbbranding.nl/je-business-on		109

Figuur 41: een voorbeeld van een Microbloglijst

Begin dus met je Microblog lijst. Je kunt beginnen met de gratis versie van Hootsuite om er een gevoel voor te krijgen. Dan kopieer je de microblog regel en plan je het handmatig in. Met de gratis versie kun je 3 netwerken aankoppelen. Plan er 1 voor elke dag op Twitter en 1 om de dag op Facebook. Plan op Linkedin om het om de andere dag te doen.

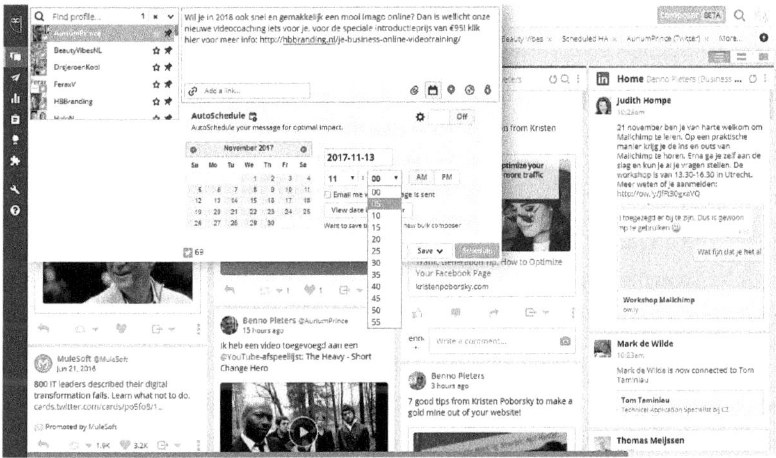

Figuur 42: Handmatig plannen van een post met Hootsuite

Je 'plakt' de tekst die je uit de Microbloglijst hebt gehaald in het input venster van Hootsuite. Voeg toe wanneer je het gepost wilt hebben en voeg het netwerk toe waarin je wilt publiceren.

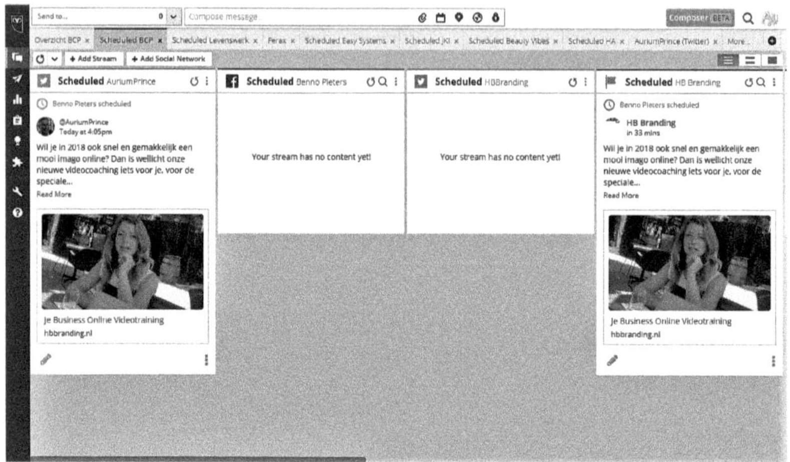

Figuur 43: Na het inplannen laat Hootsuite zien wat je ingepland hebt

Vervolgens kun je zien wat je gepost hebt wanneer de per social network een kolom hebt opgezet met 'scheduled'.

Met de betaalde versie kun je heel veel netwerken en pagina's aankoppelen. Dat kost ongeveer €18 per maand. Het grote voordeel is dat je dan een 'bulk upload' kunt doen. Wij maken er zelf gebruik van om bijvoorbeeld bovenstaande lijst in één keer te kunnen verwerken. Wij houden ervan op per maand de microblogs te plannen zodat er een maandlang reuring is rondom ons Merk. Wij plannen het zo dat er iedere dag iets gepost wordt op Twitter, om de dag op Facebook en om de andere dag op Linkedin.

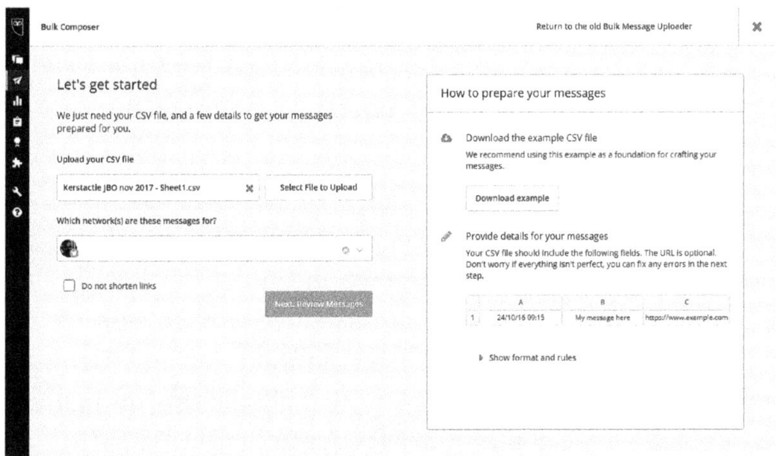

Figuur 44: Het bulk uploaden van een hele Microbloglijst

Gebruik Googledocs om je input file te maken, een .csv file. Met Excel werkt het niet. Dus kopieer je Microbloglijst over van Excel naar Googledocs. (Je kunt ook meteen in Googledocs beginnen maar de meeste mensen prefereren Excel voor het gewone werk). Vervolgens laad je het in Hootsuite met de bulkuploader. Als die meldt dat je klaar bent voor publiceren dan kun je verder.

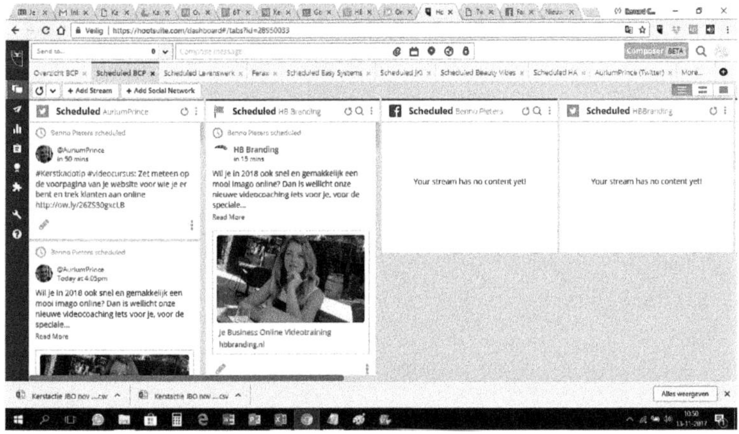

Figuur 45: Na bulk uploaden kun je nog wijzigen

Je zult vervolgens zien dat de 'scheduled' overzichten zich gaan vullen met posts in de toekomst. Herhaal het voor de andere platforms waarop je wilt posten, bijvoorbeeld met andere Microblogs.

In totaal kun je 350 posts in de toekomst plannen. Dat kan op 1 netwerk of bijvoorbeeld 50 verdeeld over 7 netwerken. Zelf houden wij 30 aan per lijst gewoon omdat het handig is. Door met verschillende soorten lijsten te werken kun je variatie brengen en je Merk meer inhoud geven. Een Microbloglijst kan bijvoorbeeld gaan over allerlei tips uit het vak en een andere weer met jouw favourite 'quotes'. Mocht je van geschiedenis houden dan zijn er allerlei wetenswaardigheden te verzamelen. Let wel op, het moet bij je Merk passen!

Het opvangen van communicatie ongelukken

"Zorg voor een goede defensie door gepast actief te handelen "

Af en toe gaat er iets fout. Je publiceert iets op de Social Media dat een ander niet welgevallig is, of je reageert op een ander die vervolgens een Social Media-bom op je loslaat. Dan is het tijd voor 'Damage Control'. Daar zitten vier aspecten aan:

1) Rustig pareren van aantijgingen.
2) Het met redelijke argumenten die benaderen van derden die meedoen in de negativiteit.
3) Het verdrinken van de negatieve boodschap met andere positieve boodschappen.
4) Het mobiliseren van je achterban (indien mogelijk).

Er is een marketing wet die zegt "een positieve boodschap heeft de kracht van 4 en een negatieve boodschap de kracht van 11". Het is niet bekend wie dit onderzoek heeft gedaan maar het deed de ronde in marketingland begin jaren negentig van de vorige eeuw. De wet klopt wel ongeveer op basis van eigen ervaring. Komt er dus iets negatiefs over je in de publiciteit dan moet je dat verdrinken met andere positieve boodschappen. Volgens de wet minstens drie boodschappen, volgens eigen ervaring minstens vier eigen berichten. Afhankelijk van de ernst van de negatieve boodschap kun je de stroom positieve berichten over verschillende onderwerpen houden. Het pareren van aantijgingen is alleen belangrijk in de eerste fase. Doe dat op rustige toon, op basis van echte feiten. Mocht je zelf een fout hebben gemaakt geef dat dan ruiterlijk toe. En ga verder waar je mee bezig was. Als iemand aan het voorval refereert, dan verwijs je naar je eerste reactie erop en herhaal het. Vaak zie je dat derden de eerste negatieve boodschap oppakken en er op reageren door mee te doen en er een schepje boven op te doen. Die mensen moet je zien te bellen of schrijven en uitnodigen voor een gesprek. Dat kan onder een kopje koffie in een lunchroom of gewoon op kantoor; zorg in ieder geval voor een prettige omgeving. Dan leg je uit wat er echt is gebeurd en laat je zien dat je een gewoon mens van vlees en bloed bent, die het ook probeert zo goed mogelijk te doen. De eigen ervaring is dat de mensen dan ophouden met negatieve berichten en zelfs fan van je worden.

Voorbeeld

Wij hielden een seminar over managementstijlen. Iemand van een zeer gerenommeerd bureau deed een verhaal over een softe aanpak dat verbluffend veel resultaat had gehad bij hun klanten. Het kwam erop neer dat, als er een conflict was op de werkvloer je die in wekelijkse creatieve sessies, zoals gezamenlijk schilderen (of andere hobby werkzaamheden), snel kunt verhelpen. Er zat een journalist in de zaal die het verhaal volkomen belachelijk vond, het niet geloofde dat het überhaupt kon werken en er later een stuk over schreef waarin hij de methode ridiculiseerde en ons bedrijf belachelijk maakte. Let wel, wij waren de facilitator, vonden het onderwerp aantrekkelijk als een andere kijk op management, maar het had verder niet met ons te maken. De teneur van het verhaal was dat wij als Sales Consultancy, 'eerlijke' managers maar wat op de mouw wilden spelden. Drie andere mensen reageerden er heftig op met vergelijkingen als autoverkopers zijn niet te vertrouwen en dat je moest oppassen met verkopers in het algemeen. Management goeroes waren te ver doorgeslagen, zijn niet oprecht en deden aan allerlei ridicule onderdrukkingsmethoden van de gewone man op de werkvloer.

We hebben de mensen benaderd en verteld wat er echt was gebeurd. Gewoon dat er een verhaal was verteld over een werkaanpak dat nieuw was en succes had. Dat de journalist het er niet mee eens was. Eén ervan heeft zelf een rectificatie van zijn negatieve reactie geplaatst en bezocht daarna regelmatig onze bijeenkomsten.

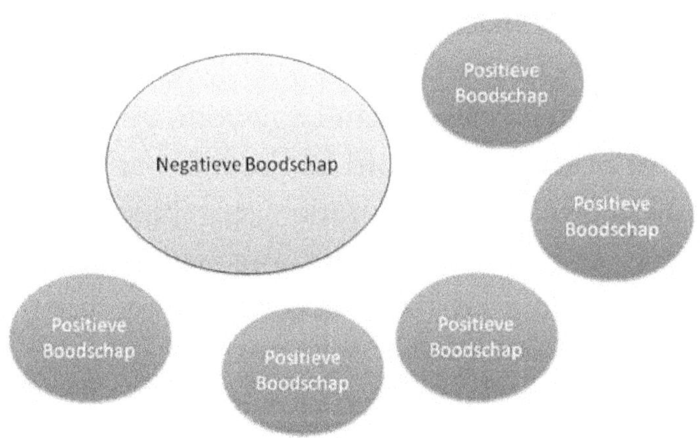

Figuur 46: Het omringen van een negatief bericht met positieve boodschappen.

De kracht van het negatieve woord

Let zelf ook goed op wanneer je iets emotioneels uit dat het niet negatief is, vooral niet over iemand of een groep mensen. Voor je het weet heb je een hele discussie over iets waar je het niet over wil laten gaan. En hoe meer je er wat aan wilt doen hoe erger het wordt. Dus volg de aanwijzingen van 'Damage Control' op en voorkom erger.

Een andere manier om een negatief imago te kweken is wanneer er bijvoorbeeld negatief over jou bericht wordt en je doet er helemaal niets aan. Bijvoorbeeld als je niets op social media erover wilt zeggen. Dat kan allerlei oorzaken hebben van er gewoon geen zin in hebben tot boter op je hoofd hebben. Ga er altijd op in en gebruik de methode om Negatieve berichtgeving te verdrinken met positieve. Maak geen 'fake' berichten of 'fake' accounts want men komt daar toch achter en dan is het van de regen in de drup.

Tot Slot: wat mag het kosten en hoe krijg je het voor elkaar?

"Reserveer een vast bedrag per maand"

Hoeveel mag het kosten? Tussen de 10% en 20% van je netto omzet (factuuromzet – inkoopkosten)! En qua tijd dien je er ook zoveel in te stoppen. De kunst is het te mengen met je andere werkzaamheden.

Van belang is dat het je het bewust en consistent reserveert. Bij een omzet van €20.000 per maand dient minimaal €2.000 besteed te worden aan het opbouwen van je merk. Mocht je marge dat niet toestaan dan dien je eerst de ruimte te creëren op je begroting om het mogelijk te maken. Het is tenslotte belangrijk voor de continuïteit van je onderneming en de (betere) marges op lange termijn.

Zoals eerder besproken, de frequentie van het verspreiden van je boodschap is erg belangrijk. Mensen hebben er meestal geen behoefte aan om onder druk gezet te worden met je boodschappen en om dat te voorkomen gebruik je de verschillende vormen van Social Media en traditionele distributiekanalen. Het vergt echter wel continue aandacht en iedere dag één tot twee uur werk. Niet iedereen heeft de mogelijkheden en de discipline om dat voor elkaar te krijgen. Gelukkig ontstaan er steeds meer gereedschappen om het eenvoudiger te maken maar het ontwerpen van een Social Media Patroon en uitvoeren vraagt het nodige aan creativiteit, discipline en vastberadenheid.

Een oplossing is iemand in dienst te nemen om dit vorm te geven en de uitvoering te bewaken; dan heb je een boel zorgen minder. Wees er op bedacht dat je wel zelf een aantal dingen doet op de Social Media en zeker fysiek te netwerken, want anders verlies je contact met je potentiële klanten. Wil je niet iemand in dienst nemen en heb je zelf niet de tijd om het allemaal te doen, neem dan een bureau in de arm en spreek af wat zij wel en niet voor je moeten doen. Let erop dat zij weten wat verkopen is en hoe dat moet via de Sociale Media.

Een andere optie is om met studenten te werken die iedere dag een uur over hebben om jouw communicatie te verzorgen. Houd dan wel de regie strak in handen, want anders komen er verhalen de wereld in waar je minder trots op zult zijn.

Houd in ieder geval de voortgang van je Social Media Patroon in de gaten, zodat je weet dat er voldoende de markt in wordt gecommuniceerd. En dat dezelfde boodschap rondom je bedrijf erin verwerkt wordt. Bezoek minstens een keer per week een netwerkbijeenkomst en zorg dat je minstens twee visitekaartjes van mensen verzamelt die een potentiële klant kunnen worden.

Onthoud dat een eigen 'community' mee kan betalen aan events die je organiseert. Door een klein bedrag te vragen om de catering te dekken wordt je event ook serieuzer behandeld. Mensen ervaren dat het event waarde heeft en de moeite waard is om ook anderen erop te wijzen.

Blijf lezingen volgen op dit gebied en lees hoe anderen het voor elkaar krijgen. Luister naar deskundigen en houd nieuwe manieren om te communiceren in de gaten. Vergeet niet netwerkbijeenkomsten te bezoeken en doelmatig op zoek te gaan naar mensen die of klant kunnen worden of je kunnen helpen bij het verspreiden van je boodschap. En terwijl je dit alles doet, zul je merken dat je ontzettend veel plezier zult beleven in het jezelf tot Merk maken!

Over de Auteurs

Figuur 47: Benno Pieters.

Benno Pieters zit al sinds zijn 18e in de verkoop en operationele marketing. Hij beleeft veel plezier aan het verkopen en leveren van producten en diensten waar mensen echt wat aan hebben. Na zijn diensttijd bij de Luchtmacht toen hij 19 was, is hij HTS Werktuigbouw gaan studeren en heeft in de jaren 90 van de vorige eeuw in de avonduren een MBA gehaald, bij The Hague Univerity/Teesside University. Zijn carrière begon bij Boskalis Westminster Construction en is midden jaren tachtig de Automatisering ingestapt, eerst in een technische marketing rol, later in een verkoop en executive management rol. Begonnen bij Prime Computer, vervolgens Intergraph, Unigraphic Solutions en Compuware Professional Services. Sinds 2001 is hij ondernemer en in 2002 begonnen met Sales Consultancy.

Thans heeft hij meerdere bedrijven. Benno is getrouwd met Karin en samen hebben zij twee volwassen dochters.

Figuur 48: Antoinette Pernot

Antoinette Pernot heeft International Business and Public Affairs gestudeerd aan de HEAO en is begonnen in de marketing van technische producten. Maar al spoedig overgestapt naar de verkoop van High Tech Systemen. Zij werkte voor Tulip Computers, Digital Equipment Corporation, Simac, EMC Computer Systems en GMT Europe. Gedurende 2008-2013 was zij Executive Director bij The Aurium Company. Thans is zij werkzaam bij SAS. Als verlengstuk van haar werk is zij actief in verschillende netwerkclubs waar zij bestuurlijke rollen bekleedt. Antoinette heeft een man en twee kinderen; een dochter en een zoon.

www.ingramcontent.com/pod-product-compliance
Ingram Content Group UK Ltd.
Pitfield, Milton Keynes, MK11 3LW, UK
UKHW020127250726
13967UKWH00002B/524

9 781291 387735